JN233320

さあ、やるぞかならず勝つ

十分間法話集 3

桐山靖雄

平河出版社

さあ、やるぞ　かならず勝つ

さあ、やるぞ
かならず成功する
私はとても運がいいのだ
かならずうまくいく
絶対に勝つ

［阿含宗朔日縁起宝生護摩の合言葉］

「さあ、やるぞ!」と朔日縁起宝生護摩の合言葉を唱える阿含宗管長・桐山靖雄
(阿含宗本山釈迦山大菩提寺にて/1998年1月1日)
撮影:垂見健吾

朔日縁起宝生護摩を厳修する
撮影：垂見健吾

さあ、やるぞ　かならず勝つ　③

目次

夢を実現するために

皆さん、おはようございます。元気ですか。

ちょっと元気が足りないね。もう一回、元気です。

もう一回、元気です。

そうですね。ようやく、元気らしくなりました。人間は、いつでもどこでも、元気いっぱい、元気はつらつとしていなければいけません。

昔から偉大な仕事をなし遂げた人、あるいは成功した人は、どんなに苦しいことがあっても、どんなに辛いことがあっても、いつも元気いっぱい、元気はつらつとして自分の人生にアタックしていきました。背中を丸めてしょぼしょぼ歩くようでは、絶対に大きな仕事はできません。どんなに辛いことがあっても、どんなに泣きたいような苦しいときでも、元気いっぱい、元気はつらつ、自分の人生を歩まなければいけません。

しかし、そうはいうものの、今日の東京は梅雨空、雨がしょぼしょぼ降って、嫌な天気ですね。また、世相もそのとおりです。政界も経済界も嫌な話ばかり。何かスカッとするような話題はないだろうか。この間から雑誌や新聞を見ておりますけれども、なかなか胸のすくような、さわやかな話題はありません。

その中で一つ、これはおもしろいなと思った記事がありました。先月の朝日新聞の「ひと」欄に、三重県出身の山中正志という人が出ておりました。まだ若い、三十そこそこの人ですが、この人がスペインに行って闘牛士の修業をしているんです。日本人で、スペインに行って闘牛士になるなんていう人はなかなかいないと思いますけれども、彼は今から七年ほど前に、スペインに渡って闘牛士の修業を始めたのです。

昨年の七月に、スペイン北部のある町で、カルネという闘牛士としてのライセンスを取ってデビューしたわけです。それから一カ月後、牛の角にかけられて、数メートル空中にはね上げられ、肩を八針縫うという重傷を負いました。それについて彼はこう言っている。「私にもう少し体重があったら、牛の角が首にまで達して、おそらく死んでいたでしょう」。一七二センチで四十五キロだそうですが、闘牛士はフットワークが大切ですから、いつもからだをスリムにしていなければならない。そのためにも毎日訓練をしているわけですが、体重が軽かったから、牛の角が首にまで達しなかった。

それで、八針縫うという重傷でしたけれども、友人はこう言ったというんですね。「闘牛士には三つのステップがあるんだ。傷を負う、有名になる、金が入ってくる、という三つのステップがあるんだよ。君は第一のステップをまず越えたな」。

喜んでいいのか、悲しんでいいのかわかりませんけれども、闘牛士というのは、だいたい、そういうステップを踏むということです。

彼がどうして闘牛士を選んだか、彼に言わせるとこうなんですね。俳優になろうと思って東京へ出てきた。そしてアルバイトで、あるクラブで働いていた。するとお客さんがこういうことを言ったそうです。「闘牛士というのはすばらしい職業だよ。まず、第一にお金になる。そして女にもてる。そのうえ有名になれる。闘牛士というのはすごいんだ」。この話を聞いて、よし、俺も闘牛士になろう、そう思ってスペインへ八十万円の金を持って出かけたというんですね。スペインがどこにあるかもよくわからずに、とにかく行けばなんとかなるだろうということで、出かけた。

スペイン語なんてまるっきりできませんから、ホームステイをして、まず言葉の勉強から始めたわけですが、そのホームステイ先の家の人が闘牛士学校を紹介してくれた。そこで闘牛士学校へ入って、毎日訓練に励んだわけです。一年ぐらいたつと、ごくおとなしい年とった牛を相手に、フットワークやその他の勉強をするんですが、始めて間もなく牛に蹴飛ばされて、肋骨を折るようなケガをした。しかし、そのとき怖いと少しも思わなかった。なにくそ、あの牛のやつめということで、非常な反発心を持った。

牛を怖がるようでは闘牛士にはなれない。俺は牛はちっとも怖くない。そこで闘牛士でやっていけるという自信を持ったというのだから、相当な根性ですね。

そして、今お話ししたように去年デビューをして、ようやく闘牛士としての第一歩を踏みはじめたら、そこで大ケガをした。しかし、これは第一のステップを越えたということなんだと思って、彼はますます闘志をかき立ててやっているわけです。

しかし、スペインで闘牛というのは国技ですから、ちょうど日本でいうと大相撲のように、闘牛士になると非常に華やかな、さまざまことが起きてくる。今言ったようにお金は入ってくるし、女にもてるし、有名にもなれる。マタドールなどという最高の闘牛士になりますと、日本の横綱か、それ以上の人気者になり、たいへんな収入が入ってくる。けれども、彼が今ライセンスを持っているカルネというのは、幕下になるかならないかというような、まだほんの駆け出しですから、十分な収入がない。もう、最初に持っていった八十万円は一年もたたないうちに消えてしまって、そこで生活のためにさまざまな苦労を今も続けている。針金でペンダントをつくって、それを道端で売ったり、ディスコのウエーターをしたり、いろいろ生活のために苦労をしているけれども、しかし、自分は絶対に屈しない。彼は記者に、こう言ってるんですね。

始めた道なんだから、最高峰に上りつめるまでは絶対にやめないんだ。絶対に自分はこの道で最高峰を極めてみせます。お金がないのはなんとでもなるけれども、夢がなかったら、目標がなかったら、生きてはいけない、と。

この言葉を私はさわやかだなと思ったんです。

お金持ちになりたいとか、女にもてたいとか、有名になるとか、これは若者としてだれでも抱く欲望でしょう。あるいは希望でしょう。そんな希望に駆られて外国へ渡る。決してさわやかとはいえない。けれども、「お金がないのはどうにでもなる、しかし夢がなかったら生きていけない」この言葉は、私はさわやかだと思うんですね。考えてみると、昔から何か大きな仕事、有意義な仕事をなし遂げた人というのはみな、夢を持っていたと思うのです。その夢はしょせん単なる夢に終わってしまったかもしれないけれども、しかし、夢を持って生きつづけ、夢を持ってアタックしつづければ、それはそのまま成功への道につながるのです。

成功できるかできないか、それは運もあるし、努力の仕方もあるでしょう。また適性というようないくつかの条件はある。しかしながら、一つの意義ある仕事をなし遂げるためには、人間は夢を持たなければいけない。夢を持って、その夢の実現のために必死にアタックしつづける。これが、少なくとも充実した人生を持つ上で一番大切なことじゃないだろうか。そう思って、私はこの青年の言葉をさわやかなものに感じたわけです。

私なども、お金がなくてずいぶん苦しんだ時期もあったけれども、やはりこの道で自分は一つの仕事をなし遂げよう、この道だけが自分を生かす道なんだ、そう思って、ついに釈迦を世の中に出すという夢を持った。今はもっと大きな夢を持っている。釈迦を超える、自分の師を超えるという夢。人間はだれでも師というものを持っていると思います。その師匠と現実に会って教えを受けるかどうかは別として、心の中で自分はこの人を師匠としてやっていこう、そう思う人はかならずあると思う。その師のあとを一心にたどって、やがてその師を超えるんだという夢、その夢こそが本当の生き方を自分に与えてくれるのではないだろうか、そう思いますね。

この青年の言葉、お金のないのはどうにでもなるけれども、夢がなかったら生きてはいけない。実にさわやかな言葉だと思います。私たちも夢を持って、そしてどんなに辛いことがあっても、その夢の実現のために一歩一歩、努力していきましょう。

そこで、阿含宗朔日《ついたち》縁《えん》起《ぎ》宝《ほう》生《しょう》護《ご》摩《ま》の合言葉を唱えましょう。私が先に唱えますから、皆さん続いてくださいね。

「さあ、やるぞ。
かならず成功する。
私はとても運がいいのだ。
かならずうまくいく。
絶対に勝つ」

もう一回。

「さあ、やるぞ。
かならず成功する。

私はとても運がいいのだ。
かならずうまくいく。
絶対に勝つ」

では、いってらっしゃい。勝つために。

一九九三年七月（関東別院）

世界を救うために立ち上がる

皆さん、おはようございます。元気ですか。

あまり元気そうでない。もう少し。元気です。

まだまだ足りない。もう一声、元気です。

どうやら元気らしくなりましたね。人間というものは、いつでもどこでも、元気いっぱい、元気はつらつとしていなければいけません。

昔から成功した人、偉大な仕事をなし遂げた人は、いつでも、どこでも、どんなときでも、元気いっぱい、元気はつらつと自分の人生を歩んでいきました。どんなに苦しいことがあっても、どんなに辛いことがあっても、背筋をぴんと伸ばして、元気いっぱい、自分の人生を歩んでいったものです。だからこそ、彼らは成功し、偉大な仕事をなし遂げたわけです。私たちもそのようでなければなりません。

富士通ゼネラル会長の吉川志郎さんという方が、最近の『日経ビジネス』という雑誌でこういう話をしています。

くよくよするのが一番よくない。失敗したからといって悲観することはない。仕事を十やったら、三つや四つ失敗するのはあたりまえなんだ。仕事には運がつきものだからだ。そこで運というものが大切なことになるが、運を招き寄せるのはたいへん難しい。どうやったら運を招き寄せられるか。少なくとも、いつも憂鬱な人や、見るからに暗い人には運はめぐってこないと思う。やきもちをやいたり、あるいは、あの人は自分よりできが悪いのに、うまいことやっているというように、ひがんだり、ねたんだりしている性格の人には、運は決してめぐってこないと思う。

月並みだが、明るく元気に朗らかにやっている人に、運はめぐってくると思う。

確かにそのとおりだと思いますね。人をねたんだり、愚痴や泣き言ばかり言っている暗い性格の人には、大きな運気というものは絶対にめぐってこない。まず自分に自信を持たなきゃいけない。自分の運を信ずるということが大切です。自分に自信がなくて、どうしてよい仕事ができるか。自分に自信がないから、人をねたんだり、愚痴や泣き言ばかり言うことになるわけです。

自分に誇りを持ち、自信を持って、そして自分の仕事に全力をあげる。そうすればかならず成功するでしょう。自分を信じ、自分の運を信じて、明るく元気に努力していると、かならず自分を大きく飛躍させるチャンスがめぐってくるんです。そのために、私たちはこうして毎月宝生護摩を焚いて、仏様から強い運気をいただいているわけです。

このたび、私たちを大きく飛躍させるチャンスが訪れました。阿含ニュースの特報で皆さんにお知らせをしておりましたけれども、このたび阿含宗は、伊勢神宮の式年遷宮の大祭において奉祝の大柴燈護摩を焚いてくれるようにと、伊勢神宮の関係団体から委嘱されました。式年遷宮というのは、天皇陛下がなされる、日本で最高、最大のお祭りです。そのお祭りに日本中、数え切れないぐらいたくさんある教団の中で、阿含宗だけがただ一つ選ばれて、奉祝の護摩を焚いてくれるようにというご依頼を受けた。

これはいったいどういうことなんだろうか。伝統仏教、その他、大きく古い教団がたくさんある中で、阿含宗だけがただ一つ選ばれた。しかも、奉祝の護摩を焚いてくれるようにという、伊勢神宮関係からのご依頼なんです。これは日本中のどの教団でも、また世間の人たちも、おそらく信じられない出来事じゃないか。そのように私は思います。

新興宗教ということで、ともすると伝統教団よりも低目に見られて、いろいろな批判をされやすい我が教団が、ただ一つ選ばれたということは、いったいどういうことなのか。おそらく世間の人たちは不思議に思うだろう。このように私は思います。

これはいったいどういうことか。これは阿含宗に本当の仏教があるんだということを神々がご存じだからです。本当の仏教が阿含宗にある。世間の人はこのことを認識しておりませんけれども、神々はこれをよくご存じである。だからこそ、阿含宗が選ばれた。今こそ神々と仏様が力を合わせて立ち上がって、世の中を変えなければならない。神々がそのようにお思いになった。私はそのように確信します。

今、世界を見渡しますと、日本をはじめ、地球全体が混乱と動揺の真っ只中にある。加うるに核兵器の問題、環境破壊、民族紛争、宗教戦争、どれ一つとってもわれわれに未来がないような暗い世界の状況です。

このままでは世界は確実に滅亡する。神々と仏が一つとなって、世界を救うために立ち上がる。その時期が来たんだ。そのように神々が考えられた。これは神業なんだと。なるほど、阿含宗が選ばれたということは、神宮関係の方々が決められたことでありますけれども、その一番のもとは、神々が決定されたんだ。神の許さぬかぎり、伊勢神宮に関する、こういう行事は絶対に許されないでしょう。神々が仏と一体になって、この世界を救う時期が来たのだ、そのようにお考えになったと私は思う。

私たちは、この神々の呼びかけにこたえなければいけない。私たち一人一人が神々となって、伊勢から神風を吹き起こさなければいけない。世界に向けて伊勢から神風を吹き起こすのだ。これが今回、神々から私たちに課せられた重大な使命である。そのように私は考えます。世界を立て直し、世直しの神風を吹き起こすのだ。私たち一人一人が仏法を背負った神々となって、そして世界を立て直すのだ。これほど大きなチャンスと最高の運気は考えられないのではないだろうか。神々と仏様から課せられた使命である。われわれはこの期待にこたえなければいけない。そのように考えますね。

そこで、恒例の阿含宗朔日縁起宝生護摩の合言葉を斉唱して立ち上がりましょう。私が唱えますから、あとに続いてください。

「さあ、やるぞ。
かならず成功する。
私はとても運がいいのだ。
かならずうまくいく。
絶対に勝つ」

もう一度。

「さあ、やるぞ。
かならず成功する。
私はとても運がいいのだ。
かならずうまくいく。

絶対に勝つ」

では、いってらっしゃい。勝つために。

一九九三年八月（関西総本部）

運気を生かすプラス思考

皆さん、おはようございます。元気ですか。

もう少し元気でなきゃいけませんね。もう一度、元気です。

もう一回、元気です。

そうですね。人間は、いつでもどこでも、元気いっぱい、元気はつらつとしていなければいけません。

昔から偉大な仕事をなし遂げた人、また一つの仕事に成功した人は、いつでもどこでも、元気いっぱい、元気はつらつとして自分の人生を歩んでいきました。彼らといえども、苦しいとき、辛いとき、泣きたいようなときもあったでありましょうが、そこをじっとこらえて、彼らは明るく、元気に、自分の人生を歩んでいきました。だからこそ、彼らは成功者となったわけです。

そのためには、私たちはどんなときでもマイナス思考、マイナスの考え方をしてはいけません。また、マイナスの言葉を絶対口にしてはいけない。心の中に思い浮かべることも、それはいけないことです。いつでもプラス思考、プラスの考え方をする。そして、プラスの言葉を口にする。そうすれば、その人の生活はおのずとプラスの生活になり、その積み重なりが、その人のプラスの人生となるわけです。

この間、亡くなった藤山一郎さんという有名な歌手がいらっしゃいますけれども、この方がこのプラス思考の権化のような、そういう生き方をした人のようです。

朝日新聞の天声人語に出ておりましたが、こうあります。

雨の降る日はじめじめして嫌ですねと言う。晴天が続けば続いたで、こう晴れてばかりではねとぼやく。そういう人がいる。反対に、雨が降ると、よいおしめりでと喜び、晴天続きをすばらしい天気だと味わう人もいる。八十二歳でなくなった歌手の藤山一郎さんは、典型的な後者で、否定的なことを言うのを嫌った。あるとき夫人のいくさんが中華料理店での食事中に、まずくて食べられないとこぼした。油が悪い。すると、藤山さんはすぐにたしなめたそうだ。その言葉を聞いて、おいしいと思って食べている人はどう思う。否定の言葉を使ってはいけない。藤山さんは「疲れた、暑くて嫌になる、ばかばかしい」などの言葉を使ったことがないと夫人は言います。ご本人の哲学も、嫌、嫌い、だめ、あした、はできるだけ避けるのがモットーです。

嫌だ、それは嫌いだ、だめだ、それはあしたにする、こういったことはできるだけ避けたと、こう言う。すばらしい人生だと思いますね。

しかし、考えてみると、この人ぐらい運のよい、才能に恵まれた人も少ないでしょう。だからこそ、そういうことが言えたんだ。それほどの才能もなく、また運もいいとは思えない人間が、どうしてそんな言葉ばかりつぶやいて、その日その日を送ることができるだろうか。辛いことが起きれば、ああ、もう嫌になってしまうな、もうだめだ、どうしたらいいかわからない。自分たちのように、さしたる才能もなく、運もいいとは思えない人間が、どうやってそういうプラス思考ができるだろうか。そう言う人もあるかもしれない。

確かに藤山さんの人生を見てみると、すばらしい人生です。慶応幼稚舎時代に、もう第一回のレコード吹き込みをしている。そして東京音楽学校、今の東京芸大に入学して、声楽科に在学中の昭和六年、「酒は涙か溜息か」という歌を吹き込み、さらに「丘を越えて」が大ヒットした。音楽学校の在学中に、大流行歌手となってしまったのです。翌七年には、「影を慕いて」が大ヒット。昭和八年には音楽学校を首席で卒業。その後、ずっとヒット作品が続いて、八十二歳まで、戦中、戦後、いささかも衰えるところなく、歌手として生涯を貫き通した。まことに才能豊かで、運もまたすばらしい人なんだなと、そう思わざるを得ない。そういう人だから、いつもプラス思考でいられたんじゃないか。ふと、そう思われる人もあるかもしれません。

しかしながら、運がいいからといって、成功の道をひたすら歩みつづけるということはできないんですね。やはり努力と心構えというものが必要でしょう。

最近つまずいた角川書店の社長、角川春樹さんがやはりそうでしょう。三十三歳で角川書店の社長になった。これは同年配の若い人たちから見たら、すばらしい運の持ち主だなと、そう思われるでしょう。そして、その後も、次々とベストセラーを重ね、また映画界にも進出して、映画界、出版界の風雲児といわれた。やはり運においては、藤山さんに決して負けないでしょう。才能も負けないでしょう。

しかしながら、麻薬事件でつまずいた。どこが違うんだろうか。私はその心構えだと思うのです。

私は二、三度会ってお話をした程度ですから、はっきり言うことはできませんけれども、彼は心の中に暗い部分がいくつかあった。まず、父親に対するコンプレックス。それと、一、二度、人に裏切られて、人を信じることができなくなってしまった。いつも人を猜疑の目で見る。疑いの目で見る。おそらく心の中では、藤山さんと正反対の、マイナスの言葉をつぶやきつづけていたんじゃないだろうか。そして、表面は華やかな生活と、その暗い心とのギャップを麻薬で埋めなきゃならないようなことになってしまったんじゃないだろうか。そう思いますね。

才能と運を生かすのは、自分の心構えです。自分の努力と心構えじゃないかと思う。運というならば、われわれは、朔日縁起宝生護摩にて仏様からすばらしい運気をいただいているはずです。決して角川社長にも、藤山さんにもひけをとらない運気をいただいているはずです。

今から四年前、一九八九年一月の朔日縁起宝生護摩の法話で、私はこう言った。これから四年間、阿含宗は大々運期になるよと。次から次へ、すばらしい運期の連続なんだと。なぜ大々運期かというと、阿含宗、そして朔日縁起宝生護摩講の講員はいつも大運気なんだ。しかし、これから四年は、その大運気の上にスーパー運気がつく。だから、大々運期なんだよと、こう私は言った。

ごらんなさい、そのとおりでしょう。この四年間を振り返ってみてください。総本山、総本殿が無事竣工し、さらに私は冥徳解脱供養を始めることができるすばらしい霊視能力をいただき、そして四年目の今、伊勢神宮式年遷宮奉祝の大柴燈護摩供を仰せつかった。こんなすばらしい運気はないんじゃないですか。

もちろん、私たちの努力、精進、修行というものがものをいっているのであるけれども、しかし運が悪かったならば、伊勢神宮の歴史において初めてという、こういう行事を仰せつかるということは絶対なかったでしょう。やはり、われわれの努力、阿含宗の持つ法の内容と同時に、すばらしい大運気が、こういうすばらしい大柴燈護摩供奉祝ということを招いたのではないだろうか。

考えてごらんなさい。式年遷宮というのは、天皇陛下が祭主となって、おんみずからとり行わせられる国家的祭典なんです。これは他には絶対ない。だからこそ、今までどの教団でも参加することができなかった。ところが、今回、式年遷宮千三百年の伝統を破って、伊勢神宮関係から阿含宗に奉祝の大柴燈護摩供を焚いてくださいという要請があったわけです。他の教団はすべて却下されている。願い出ても却下されている。その中で、向こうから阿含宗に焚いてほしいという要請があった。こんなすばらしいことが考えられますか。

もちろん、われわれが持つ神仏両界の秘法があればこそ、神々がそのようになさってくださったわけでありますけれども、しかしながら運が悪かったならば、かならずどこかで故障が起き、邪魔が入って、こういうことにはならなかったろうと思う。私は四年前にはっきりとお話をしたでしょう。これから向こう四年間、大々運期だよと。それから、あとはまた、ずっと大運期が続くんだと。

私は運命学上、晩年になればなるほど大運気になるという、そういう大福運を持っている。そういう持ち前の大福運に、朔日縁起宝生護摩でさらに大々運気へと、運気がどんどん燃え上がっている。この阿含宗の運気と私の運気は諸君のものなので、いくらでも諸君が持っていくがよろしい。そして、その運気を生かすのは、自分の心構えと努力なんだということです。

どんなに仏舎利宝珠尊が大運気をくださっても、自分の心がけが悪かったならば、その運気をめちゃめちゃにしてしまう。その運気を生かすものはプラス思考。常に仏様のご加護を信じ、神仏のご加護を信じて、明るく、プラス思考で毎日毎日を過ごしていく。そうするならば、仏様からいただいた大運気はあなたの中で炎々と燃え上がる。そして、あなたの人生をすばらしいものにしてくれるはずです。

藤山一郎さんと角川春樹さん、このお二人は実に対照的な人生を示し、われわれにお手本を示してくれていますね。私たちはこれをもって他山の石として、自分の心構えを正しく、明るく持つようにしていきたいと思います。

そして、今、われわれの目標は、式年遷宮奉祝の大柴燈護摩供を立派にお焚き上げするということ。そうすることによって、あなた方は神仏両界からのご加護をいただける、そう私は確信します。

日本中が阿含宗を見つめている。こんな奇跡的なことが起きた阿含宗というのは、どういう教団なのか。また、どのような形で伊勢でお護摩を焚くんだろうか。全国の宗教教団、そしてこれを知るかぎりの人々が、私たちを見つめている。

伊勢神宮式年遷宮奉祝護摩のポスターに、「今、伊勢は輝いている」とありますけれども、まさしく阿含宗が輝いているのです。そして、この輝きを日本中に広めていく。これが私たちの今の目標でなければならない。

ひとつお互いにしっかり力を合わせて、この大盛業を成功させましょう。それが、あなた方の人生に輝く一ページをもたらすものだ。われわれの人生に本当にすばらしい一ページを記すものだと、そのように考えます。

恒例の朔日縁起宝生護摩の合言葉を私が先に立って提唱しますから、どうぞ、あとについて唱和してください。

「さあ、やるぞ。
かならず成功する。
私はとても運がいいのだ。
かならずうまくいく。
絶対に勝つ」

もう一回。

「さあ、やるぞ。
かならず成功する。
私はとても運がいいのだ。
かならずうまくいく。
絶対に勝つ」

では、いってらっしゃい。勝つために。

一九九三年九月（関東別院）

自分の夢を燃やしつづける

皆さん、おはようございます。元気ですか。

あまり元気そうじゃないね。もう少し元気よく、おはようございます。元気です。

そうですね。まだ本当の元気が出ていないけれども、いいでしょう。私たちは、いつでもどこでも、元気いっぱい、元気はつらつとしていなければいけません。

昔から大きな仕事をなし遂げた人、あるいは成功者は、どんなときでも、いつでも元気いっぱい、元気はつらつとして自分の人生を歩んでいきました。彼らといえども、泣きたいとき、辛いとき、いろいろあったと思いますけれども、そういうときこそ、彼らは元気を奮い起こして、元気いっぱい、元気はつらつとして自分の仕事をなし遂げていったわけです。だから、彼らは成功者となったのです。

今、世の中は実に暗い世相となっています。ことに宮城県は、ご承知のとおり、偉い人たちがよくないことをしたらしくて警察に捕まっているわけですから、これ以上暗いことはないですね。おまけにお米の収穫が八〇パーセントしかないということであります。これは戦後最大の不作ということでしょう。これで明るくなれといったって無理かもしれませんね。

不作だけではなく、世界的な不景気です。どこを見ても明るいものは何一つない。しかし、こういうときこそ、人間は明るい夢を持たなければいけないんですね。夢を持たないで、暗い世相に押し流されていったのでは、いつまでたっても明るさは出てこない。暗いときこそ明るさを持たなきゃならない、そう私は思います。

つい最近、メキシコの女性でロマーナ・バニュエロスという人の伝記を目にしまして、私は非常に感動しました。

彼女はメキシコ系移民として生まれ、これといった才能も持たず、教育もあまり受けていなかった。今から半世紀近く前に、二十代でメキシコのエルパソからアメリカのカリフォルニアを目指して長距離バスに乗ったとき、ポケットに七ドルしか持っていなかった。

彼女は十六歳のときに結婚して、二人の男の子を持った。しかし、結婚生活がうまくいかなくて離婚して、アメリカに新天地を求めてバスに乗ったわけです。

カリフォルニアに着いて、彼女は皿洗いをはじめ自分にできるだけのことを一生懸命に、それこそ夜も寝ずに働いて四百ドルの貯金をした。その四百ドルの貯金で小さな食品会社を買ったんですね。

四百ドルということでありますから、今と貨幣価値は違うけれども、本当に小さな小さな食品会社を手に入れた。それから彼女はさらに一生懸命働いて、数年後には年間五百万ドルの売上をあげるという食品卸売会社に成長させたんです。大成功ですね。

しかし、彼女はこの成功に満足しなかったんです。彼女は大きな夢を持った。その夢は何かというと、メキシコ人のためのメキシコ人の銀行を設立するということなんです。彼女は事業をやってみて、アメリカの銀行がメキシコからの移民に対して冷たいのがわかったのです。業績がいいのに、アメリカ人にはすぐに金を貸すけれども、メキシコ系のアメリカ人だということで思うように資金を融資してくれなかった。そこで彼女は、それなら自分がメキシコ人のための銀行をつくろうじゃないか。そう決心して、かならずこれをやり遂げるという決意を固めたわけです。

そして、周囲の人たちに話したけれども、ほとんど相手にされなかった。ことに専門家は、「君にそんな才能があるはずないじゃないか。メキシコ系のアメリカ人が銀行をつくるなんて、そんなことはとうていできるものじゃない」と、みんな否定的な意見だったんです。しかし、彼女は断固として、「私はかならずやる。私にはできるんだ」そう断言して、先頭に立って設立委員会をつくり、活動を始めたわけです。

大きな困難がありましたけれども、とうとう彼女はその銀行をつくりあげた。今テキサスにある「パンアメリカン・ナショナル・バンク」という一流の銀行が彼女が設立した銀行なんですね。彼女は、のちにアメリカのニクソン大統領に招聘されて、第三十四代の財務省の出納局長という要職についたんです。

彼女の伝記を書いた人は、こう言っている。

「彼女に並外れた才能があったわけではない。平凡な女性だった。教養も別にあったわけではない。しかし、常人にない特徴を一つあげると、自分が実現させようと思った理想に対しては徹底的に努力をした。夢を掲げて、その夢の実現に全力をあげてぶつかっていった。これが彼女の特徴だった」こう言っているわけですね。

彼女は確かに、その経歴からいっても別に大した才能があったわけではない。教養もあったわけではない。しかし、彼女は自分が実現しようと思った夢と取り組んでいるうちに、必要な教養とか、資金とか、また協力してくれる人たちとか、そういったものを次々と獲得していったわけです。だから、彼女の伝記を書いた人は、大した才能を持っていなかったというけれども、私はそれこそが一番大切な才能ではなかろうかと思うのです。

まず、大きな夢を持つということ。そして、その夢の実現に向けてどこまでも努力を続けていくということ。これが一番大きな才能ではないか。それこそが才能なんだと、私はそう思うのです。

ビジネスでも芸術でも、あるいは政治・経済、どんな分野でも、そこで成功して先頭に立って活躍している人の姿を見ると、まず見受けられるのは年齢を感じさせないということでしょう。どんな高齢者でも年齢を感じさせない。むしろ若い人たちよりも、エネルギッシュな活動を続けている。そのエネルギーは、いったいどこから出てくるのだろうか。それは、自分の夢の実現に情熱を燃やしているということとです。その情熱からエネルギーが燃え上がってくるのでしょう。だから、年齢なんていうものは問題じゃない。

しかし、若い人たちには強い体力、若さがあるわけですが、どんな若い人でも夢を失ったら、もう老人なんですよ。あの日本を占領したダグラス・マッカーサー元帥が、こういうことを言っているんです。

「人間の心の中には一つのスタジオがある。そのスタジオで大きな夢を描き、その夢の実現に情熱を燃やしているかぎり、その人はいつまでも若い。しかし、電源のスイッチが切られて、その夢をスタジオで描かなくなったならば、その人の心は冷えてしまって情熱がなくなって、もう老人になってしまう。それは年齢ではない。心の中にどんな夢を持ち、その夢の実現に情熱を燃やすかどうかなのだ」

そのようにマッカーサー元帥は言っている。私もそのとおりだと思う。

ことにこのロマーナの伝記を読んだとき、メキシコの平凡な教養のない女性が、アメリカ合衆国の財務省の出納局長という要職についた。日本でいうと、大蔵大臣に次ぐような要職です。彼女がどうしてそこまで上りつめることができたかというと、自分の夢の実現に情熱を燃やしているうちに、必要なものを次々と獲得していったからです。ある教養が必要な場合は、ひとりでにその教養が身につくようになった。そういう努力をしたわけです。協力してくれる人が必要なときには、そういう人が自然に集まるようになってきた。彼女の情熱に打たれたわけでしょう。だから、人間はどんなときでも一つの夢を持って、かならず実現するんだという熱意を持たなければいけませんね。そういう情熱と熱意を失ったとき、たとえ若者でも老人になってしまうのです。

成功者と失敗者の違いを見ますと、大きな違いが一つある。それは何かというと、失敗する人は、まずそれができないという条件を考えてしまう。それを口に出してしまうわけです。そんなことはできっこないよ。なぜならばこうなんだ、こうなんだ、こうなんだ。できないというほうの条件をあげてしまう。成功者は逆なんです。それはかならずできる。なぜならばといって、できる条件を数えあげる。それが違いなんですね。

私たちには、世の中の暗いのはどうしようもない。世界的な不況です。これは共産主義国家が崩壊して、新しい時代が生まれる前の暗闇なんです。だから、確かに政治家たちも無能のように見える。もっとこうしたらいいじゃないか、ああしたらいいじゃないか。はたから見ればなんとでもいえますけれども、しかし、これは世界的な構造なんです。二十一世紀に新しい世界が生まれる。そのために共産主義国家が次々と崩壊していった。まったく新しい世界が生まれようとしている。その夜明け前の暗さなんですね。だから、私たちはこれに耐えなければならない。おそらくあと一年たてば、世界的に景気も立ち直ってくるでしょう。

ですから、暗いのはしようがないけれども、自分まで暗くなったんじゃしようがない。自分は明るく元気に一つの夢を持つ。どんな人でも天分というものがあるんです。その人だけに与えられた天分というものがある。人間すべてが総理大臣になれるわけじゃないし、すべての人が松下幸之助になれるわけじゃない。しかし、それぞれに与えられた天分というものがある。その天分を精いっぱい生かし切るかどうか。それが成功者と失敗者の違いじゃないかと思う。「私なんて何も才能があるわけじゃない」そんな言葉が、まず失敗者の言葉なんです。成功するためには高い知能指数が必要だということじゃ決してない。高度の知識が、特殊な才能が必要なんだということじゃないんですね。このロマーナの例にあるように、みんなのためになるという大きな夢を持って、その夢の実現に情熱を燃やし、それを燃やしつづけていくということ。だれでも夢を持つでしょう。けれども、その夢をいつまで持ちつづけられるかということです。

朝、大きな夢を持って、昼飯を食べるときにはもうしょぼしょぼして、「自分なんか何やったって、たかが知れてるんだ」と肩を落としてしまうんじゃないだろうか。それこそが、成功者になれない一番の条件ですね。

暗い世相だけれども、間もなく夜明けが来るのですから、その夜明けを目指して大きな夢を持って、そしてがんばりましょう。まず、自分から明るくなるんだ。そして世の中を明るくするんだ。そういう気持ちで、毎日の仕事に励もうではありませんか。そうすればかならず、どんな分野にいても成功をおさめることができるでしょう。

そこで、阿含宗朔日縁起宝生護摩の合言葉を唱和しましょう。私が先導しますから、あとについて大きな声で唱和してください。

「さあやるぞ。
かならず成功する。
私はとても運がいいのだ。
かならずうまくいく。
絶対に勝つ」

もう一度。

「さあやるぞ。
かならず成功する。
私はとても運がいいのだ。
かならずうまくいく。
絶対に勝つ」

では、いってらっしゃい。勝つために。

一九九三年十月（東北本部）

心の力で勝つ

皆さん、おはようございます。元気ですか。

まだ元気が足りない。もう一回、元気です。

もう一回、元気です。

そうですね。ようやく元気らしくなりました。人間は、いつでもどこでも、元気いっぱい、元気はつらつとしていなければいけません。

昔から、成功した人、あるいは偉大な仕事をなし遂げた人は、どんなに苦しいときでも、どんなに辛いときでも、元気いっぱい、元気はつらつとして、自分の成功を信じて我が道を歩んでいきました。背中を丸めてすごすご歩いているようでは、いい仕事は絶対にできません。われわれはいつでも成功を確信して、元気いっぱい、元気はつらつと自分の仕事に励んでいかなければいけませんね。

ただし、昔から成功した人、あるいは偉大な仕事をなし遂げた人は、ただ単に成功するんだとか、自分は勝つんだとか、そう思っているだけではないんですね。どのようにしたら成功するのか、こうして自分は成功するんだという、その成功のありさまを自分の心の中にしっかりと持っていた、しっかりイメージを持っていたわけです。いうならば、信念をイメージ化するということで、これが成功の秘訣だと思うのです。

ただ成功するんだ、ただ勝つんだ、という信念だけではだめだ。そういう確信だけではだめだ。どのようにして自分は成功するのかという、その成功の姿を、その過程を、はっきりとイメージに持つのです。そうすると、そのイメージがしだいに実現していく。それは心の力といってもいいでしょうし、昔からいわれているように、潜在意識の力だといってもいいでしょう。強い心の力は、その心の中で考えていることを、イメージしていることを、実現する力があるんですね。これが大事なんです。信念をイメージアップする、確信をイメージする、それが成功の秘訣だと私は思います。

つい最近、スポーツの世界で、それを実証するようなおもしろい出来事が起きました。先週の二十四日、つまり、私たちが伊勢において式年遷宮の奉祝のお護摩を焚いているとき、ゴルフの大きなトーナメントが千葉県で行われました。袖ヶ浦カントリークラブというところで、ブリヂストン・オープンが開かれたわけです。これは大きな大会で、賞金総額が一億二千万円、優勝が二千百六十万円、約二千二百万円です。私もプロゴルファーになっていればよかったなと、これを見ると思うんですけれども、まあ、とうていなれないでしょうが。

このビッグイベントに優勝したのが白浜育男というプロです。このプロがどういう状況だったかというと、去年、シード権を失っているんです。賞金ランキングが一二六位という惨憺たる結果で、シード権を失ったのです。シード権というのは、ご承知のとおり、賞金順位が六十位までの選手が日本国内で行われるトーナメントに出場する資格を持つことをいいます。もちろん、予選からやっていかなければいけないけれども、とにかく賞金のかけられたあらゆる試合に出場する権利を持っている。

その六十位までに入っていない人はシード権がありませんから、マンデーといって、月曜日から、予選の予選から始めていくわけです。何十人、あるいは何百人というプロが集まって、その中から、本当に数えるだけの人、おそらく十人足らずくらいの人が入選を果たして、そして初めてトーナメントに出場することができるのです。これほど難しいんですね。

彼らにいわせると、シード権をとるということは、プロに合格するとき以上の苦労が伴う。ことに、マンデーに出て、そして出場権を得るときには、本当に足がガタガタ震えるくらい緊張するというんです。とにかくプロは、そういうトーナメントに出なければ一銭にもならないんですね。トーナメントに出ることによって初めて、お金がとれるわけですから、それに出ることができなければ、プロといえない。ですから、たいへん厳しい競争の世界なんです。

この白浜育男という選手は、今から五年前にフジサンケイクラシックというトーナメントで優勝したことがある。一度だけ優勝したことがある。一度だけなんて言うけれども、一度だけでも優勝することは本当にたいへんなことなのです。一生、優勝の経験を知らないでプロの世界を去っていく人がたくさんいるわけですから、一度でも優勝経験があるということは、たいへんなことなんです。

しかし、去年は一二六位で、それでシード権を失ってしまっている。そのシード権を失うとどういうことになるか。こんなに辛いことはない。彼はそのように語っているんですね。極端に収入が減ってしまった。それだけではなくて、周囲の人たちが同情してくれている気持ちがひしひしと感じられて、それがかえって辛いんだと。

そして、自分の長男が日大ゴルフ部にいて、プロを目指して一生懸命やっているが、プロの父親である自分がこんなみじめな状態では、息子に夢を与えることができない。収入は減るし、契約先からのボーナスも入らない。あらゆる点でお話にならないくらい収入が減ってしまった。何よりも、自分のプライドが傷つけられて、本当にたまらなかった。

しかも、今年に入って、彼は二十回、トーナメントに出ているんです。それは、過去の優勝その他の実績によって出してもらっているという状態で、二十回出て、十八回予選落ちしているんです。二回しか予選を通っていない。それもどん尻で通っているわけです。そういう彼が、このビッグイベントに出てきた。それも正規の資格で出られたのではなくて、主催者が推薦してくれたので、思いがけなくも出場することができた。

その当時、彼のランキングは九十九位なんです。六十位までに入らなければだめなのに、九十九位だということで、とてもシード権には手が届かない状態だったんです。しかし、このブリヂストン・トーナメントに優勝すれば、一挙にシード権に入ってしまえる。だから、彼は必死なんですね。本当に彼は必死になって戦った。けれども、まわりを見回すと、超一流の選手ばかりが出場しているわけです。外国からは、マーク・カルカベッキアとか、レイ・フロイドとか、超一流の外国人選手が、九人ほど参加している。

また日本の選手では、ジャンボ尾崎や中島常幸、その他の選手がずらっと並んでいる。そこへ九十九位の彼が出場していった。しかし、彼は死にもの狂いで戦って、初日はトップになったんですね。アンダー5という成績でトップになる。そして、なんと二日目もトップになった。

そこで彼は、緊張を和らげるために、夜に映画館に行ったというんですね。今、評判になっている『逃亡者』という映画を見たというんです。その映画を見ているうちに、彼はパッとひらめいた。この『逃亡者』、ハリソン・フォードが演じているこの映画の主人公のように、自分は明日から逃げて逃げて逃げ切ろう、そう決心した。

私は、『逃亡者』という映画を見たことはないけれども、なんでも無実の罪をきせられて、そして警察の手から逃げまわるという内容です。逃げ切ったかどうか、それは見ていないから私にはわかりませんけれども、しかし、徹底的に追及の手から逃げた。そして、白浜プロはそれを自分の身の上に反映した、反射したわけです。

よし、自分は今トップを走っているんだ。このトップのまま逃げ切ろう、逃亡者になるんだ。こう決心した。そこでトーナメントは四日間続くわけですが、三日目に、スポーツ記者たちがみんな集まってきて、「白浜プロ、トップですな。このまま突っ走りますか」そういうふうに聞かれて、彼は答えた。「いや、私は逃亡者になるんだ。このまま逃げ切る」。そして、彼は逃げ切ったわけです。四日間、ずっとトップのまま逃げ切った。

二位のカルカベッキアその他、一流の選手を5打引き離して、彼は17アンダーです。二位のカルカベッキアその他は12アンダーで、これはぶっちぎりに逃げ切ってしまったわけです。その勝利の会見のときに、彼はこう語っているんです。おもしろいですね。「自分は役者になりきってやろう、つまり、映画の役者になりきってやろうと思った」

そして、映画のシーンを自分でつくりながらホールを回った。つまり、ハリソン・フォードの逃亡者になりきって、そして逃げて逃げて逃げ切るという、その決心をそのまま貫いた。自分は役者になりきってやろうと思って、映画のシーンを自分でつくりながら回った。ここは飛ばすぞと思えば、トム・パーツァーというアメリカの有名な飛ばし屋のプロになりきった。ピンチを迎えると、ここはセベ・バレステロスでいってみるかと、イメージを膨らませる。

あるときはジャンボ尾崎に、あるときは中島常幸にもなった。彼らなら、この状況でどうするかなと、そう思って、あるときはジャンボ尾崎に、あるときは中島常幸になってプレイをした。つまり、完全に自分の中に他人の世界をつくりあげてしまった。よくプロの選手は言うんですね。自分の力を出し切れば優勝できるんだ。だから、明日は自分の力を出し切るように努力します。こういうことを言っているのだけれども、彼は逆転の発想で、自分を捨ててしまう。そして、超一流の選手になりきって、超一流の選手のイメージでプレイをした。

だから、彼はこう言っているんですね。「本来の僕だったならば、今日はプレッシャーで崩れていたでしょう」。彼は実際に、最終日に優勝争いをしながら脱落して、ずっと下の方に落ちていったことが何回もあるんです。優勝できそうだと思うと、プレッシャーに感じて、そして自分の力を出し切ることができない。だから、自分の力を出し切れば優勝できるなどという、そういう考えを捨てて、自分の力ではとても優勝できないから、ジャンボ尾崎になるんだ。中島常幸になるんだ。セベ・バレステロスになるんだ。そうやって自分を役者にしてしまって、そのイメージで彼はプレイをしたのです。

だから、プレッシャーが全然ない。それで優勝することができた。完全に、自分が逃げ切ろうという、そういう信念をイメージ化してしまった。役者になってやろうと思ったというんです。自分の頭の中で描いたイメージそのままに演技をしていくわけです。その演技も、超一流選手をそのままイメージして演技をしているわけですから、プレッシャーを感じることはない。非常におもしろいと思いました。

同時に、このカルカベッキアという選手、これがまた超一流の選手ですけれども、同じようなことをやっているんです。彼はそれをメンタル・プラクティス、つまり、精神的練習と、こう呼んでいる。アメリカのプロはよく使う手なんだそうですね。彼は、初日は非常にいい成績だったんだけれども、二日目、アイアンがかなり悪くなった。五つもバーディーをとりながら、二つボギーを出して点を落としている。

どこが悪いんだろうか。考えてみると、アイアンが悪いんだ。彼はすぐにホテルへ帰って、ベッドに寝ころんで、そしてイメージ・トレーニングを始めたというんですね。

つまり、その日、回ったコースを全部、一打一打、頭の中で繰り返してみる。あのときにこういうふうに打った。どこが悪かったんだろうか。ここが悪いんだな。そこでベストのスイングをして見せる。頭の中でベストのプレイをするわけです。何回も何回も繰り返す。そして三日目、カルカベッキアは一度は白浜に追いつき追い越したんです。このまま彼が優勝するかと思われたんだけれども、逃亡者のほうが強かったんですね。白浜のほうが逃げ切ってしまった。しかも、5打差、ぶっちぎりの勝利だという。

これは私たちにも非常に参考になると思うんです。勝ちたかったならば、勝った自分、勝つ自分をイメージして、それを強く潜在意識に焼きつける。私は昔からやっています。それは密教で最も得意とするところですからね。『変身の原理』という本の中で書いていますけれども、今から四十年近く前に、車の免許証をとるときに、練習場に行っている暇がありませんので、公安委員会でぶっつけ本番で受験したことがある。一週間でとってしまった。

そのときに、私は毎晩、夜寝る前に二時間、イメージの中で自動車の運転練習をしたわけです。そして一週間で免許をとってしまった。だから、周囲から非常にびっくりされましたけれども、特に私が運動神経が発達していたというのではなくて、イメージ・トレーニングをやったわけです。頭の中でジーッと瞑想をしながら、見事な運転をする。そういうシーンを、実際に車を操りながらイメージアップしていく。そうすると、翌日、車を運転したときに、本当にイメージどおり運転できるのです。

また、今回の式年遷宮の奉祝護摩も、私は前から毎日、イメージの中で護摩を焚いていたのです。日本晴れの空の下、みんなが一生懸命にお護摩を焚いている。そして、なんのトラブルもなく、無事円満に終わる。そのお護摩を毎晩十五分ずつ、私は頭の中で焚いていた。そして二十四日、イメージどおりのお護摩が焚けたわけです。潜在意識で強くイメージしたことはかならず実現するという、そういう恐ろしい力を持っている。

心の中で、失敗するんじゃないだろうか、うまくいかないんじゃないだろうかと思っていると、そのとおり失敗してしまうんです。うまくいかなくなってしまう。だから、常に心の中で、勝つ自分の姿、勝つ過程、勝った自分、それをイメージするんですよ。失敗なんていうことは絶対考えてはいけない。それを考えると、失敗してしまうんです。だから、私たちはそういう心の力を使わなければいけません。この白浜育男プロのように、どん底にいながら、世界の超一流選手と戦って、5打も引き離して優勝してしまう。これは、彼の技術もさることながら、心の力で勝ったのだと私は思う。

ただし、ここで知っておかなければならないことは、ただ勝つんだ、勝つんだとイメージしただけではだめで、勝つんだという、その気持ちに少しのすきも起きないだけの努力を、自分がしていなければならない。努力することによって、そのイメージは確固たるものになるわけです。私たちは、こういう心の力を大いに利用しましょう。そして、かならず勝利する道を歩む。これを心がけましょう。そういう私たちには、宝生護摩のこの力が加わっているわけですから、絶対に失敗するはずはない。成功する。

そこで、阿含宗、朔日縁起宝生護摩の合言葉を唱和いたしましょう。私が先に唱えます。続いてください。

「さあ、やるぞ。
かならず成功する。
私はとても運がいいのだ。
かならずうまくいく。
絶対に勝つ」

もう一度。

「さあ、やるぞ。
かならず成功する。
私はとても運がいいのだ。
かならずうまくいく。
絶対に勝つ」

では、いっていらっしゃい。勝つために。

一九九三年十一月（関東別院）

大きな不運のあとには大きな幸運がくる

皆さん、おはようございます。元気ですか。

ちょっと元気が足りないね。もう少し元気よく、元気です。

そうですね。ようやく元気らしくなりました。私たちは、いつでもどこでも、元気いっぱい、元気はつらつとしていなければいけません。背中を丸めてしゃがしゃが歩いているようでは、絶対に大きな仕事、また成功などは望めないでしょう。

昔から、偉大な仕事をなし遂げた人、あるいは成功した人は、どんなに苦しいことがあっても、どんなに辛いときでも、元気いっぱい、元気はつらつとして自分の人生を歩んでいきました。彼らといえども、泣きたいとき、投げ出したいときがあったでありましょうけれども、彼らはそこを耐えて、元気いっぱい成功を勝ち得たわけです。私たちも同じことです。どんなに苦しいことがあっても、どんなに辛いときでも、元気を出して、勇気を奮って、自分の人生を切り開いていかなければいけません。

そう言いますと、今、日本はたいへんな不況で、そんなにニコニコなんかしていられないよ、と言う人があるかもしれませんね。元気なんか出せないよ。そう言う人がいるかもしれませんが、元気を出さないで、この苦境を乗り切ることはできないでしょう。

私たちは、運が悪かったと思うしかない。無能な政治家を選んでしまった。思い違いをしたわけです。これは運が悪かったとあきらめるしかない。そして、運が悪かったとあきらめるだけではない。そこから勇気を奮って、元気を出して、この苦境を乗り越えなければならないでしょう。

一つの大きな不運が訪れたあとには、かならず同じ大きさの幸運がやってくるものだ。こういう意味のことを、シェイクスピアが劇の中で言っています。一つの大きな不運がやってきたときには、かならずその後、同じ大きさの幸運がやってくるものだ。その幸運がつかめるかどうかでしょう。元気を失って落ち込んでいたんじゃ、大きな不運のあとにやってくる大きな幸運をつかむことはできないでしょう。

元気を出す、勇気を奮い起こすということは、心に余裕が生ずるということです。余裕なくして、ピンチをチャンスに変えることはできない。目の前に大きな幸運がやってきても、それに気がつくことはできないでしょう。幸運をつかんで、それを生かすということはできないかもしれない。やはり、どんなことがあっても、元気いっぱい、勇気を奮い起こさなければいけません。

私たちは、自分の持っている宝を忘れがちなんです。だれでもいくつかの宝を持っている。しかし、その宝に気がつかないで、人の宝ばかり見てうらやましがって、そして自分を落ち込ませてしまう。それではいけませんね。私たちには、まず何よりも勇気という宝がある。そして、そこから出発するわけです。

最近、キングスレイ・ウォードという人のベスラセラーになった本を読んで、たいへんおもしろく感じました。彼は成功した実業家ですが、この前、自分の息子に与える本『ビジネスマンの父より息子への30通の手紙』を書きまして、それが大ベストセラーになった。そこで続編ともいうべき、自分の生涯を振り返った記録を書きなさい、そう言われて書いたのが『ビジネスマン、生涯の過し方』という本で、これもベストセラーになっているようですね。

これを読むと、彼は今、大きな成功をおさめて幸せになっておりますけれども、過去に何回も失敗をしている。時には、絶望の淵に陥ったこともある。一九八六年に、彼はさんざんな目に遭いました。そのとき、彼はどうやって立ち直ったか。その本に、こういうことが書いてある。

「クリスマスイブの午後、社員が帰ってしまったあと、私は一人でオフィスに残った。そして、この年の闘いを思い返した。私は六つの闘いに破れた。それをあげてみると、一、金銭面で大きな損失を出した。二、大規模な設備の拡張をしたが、大口のお得意を失ったために裏目に出た。三、すばらしい事業と思われたものが、やってみると、実はそれほどすばらしくはなかった。四、労働組合が結成され、組合関係の諸問題に対処しなければならなくなった。五、取引銀行との関係に摩擦が生じた。六、実業界に入って以来初めて、倒産を経験した」

彼はその頃、五つ、六つの会社を経営していましたけれども、その一つが倒産してしまう。それまで、彼は着実に歩んできたわけですけれども、初めて倒産を経験した。そこで、彼が書いているように、クリスマスイブの午後、一人でその年を振り返ってみた。そして、六つの闘いに破れた、失敗した、そう考えて落ち込んだわけです。しかし、ふと本棚を見ると、中の一冊が目にとまった。

「ノーマン・ビンセント・ピールの『積極的考え方の力』である。私は彼の言葉を思い出した。自分が不幸だと感じたときには、その反対の恵まれている面を数えあげるようにと彼は言っている」

自分が不幸だと感じたときには、その反対の恵まれている面を見つけだして、それを数えあげてみなさい。そうノーマン・ビンセント・ピールは言っているわけですね。

そこで、彼はそれを思い出して、この年の六つの恵みを数えあげてみた。

「六つの失敗に対して六つの恵みを数えあげた。一、健康だった。二、家族に愛されている。三、友人を失わなかった。別れたいと言った友人と別れただけである。現に、新しい友人も何人かできた。四、他の会社は順調である。五、私は困難に耐えられることを証明した。六、苦労しただけ賢くなった」

彼はこの六つの、自分の恵みをあげた。そうすると、前の六つはしだいに忘れ去られていった。

私は、この中の、ことに二つがすばらしいと思う。

「私は困難に耐えられることを証明した」。六つの闘いに破れて苦戦しているけれども、立派にその闘いに耐えられた。これからも耐えられるだろう。この考え方は、すばらしいですね。

次に、「苦労しただけ賢くなった」。苦労することによって、だんだんばかになる人もいますけれども、考え方によれば、苦労した経験を積み重ねて、人間はだんだん賢くなる。人間というものは失敗し、苦労し、そして賢くなっていく。経験を積んで賢くなっていくわけです。人間が人生において本当に賢くなるためには、経験しなきゃだめなんです。本を読んだり、人から話を聞いただけではだめ。自分が経験することによって、本当に賢くなっていくんですね。

賢くなるためには落ち込んじゃだめですね。よく落ち込みきってしまって、何を言っても反応しない。そして、ぐちや不平ばっかり言っている。どんどん、どんどん落ち込んでいってしまう。これでは、経験によって賢くなるという一番大切なことができないんじゃないか。そういう人は、経験すればするほどばかになる。こう私は思いますね。

今、日本はたいへんな不況です。日本だけじゃない、世界的な不況です。これは運が悪いというしかない。だいたい、そういうような事態を招いた政治家を選んでしまったということ自体が、これは運が悪いというしかないわけで、しかし、運が悪いといって落ち込んでいたんじゃだめだ。そこから絶対に立ち直ることはできない。

シェイクスピアが言ったように、「大きな不運がやってきたあとには、かならず同じ大きさの幸運がやってくるものだ」これはいい言葉ですね。私も、自分の人生においてそう感じたことがしばしばある。何回もそういうことを経験した。前の不運でがっくりきて、落ち込んでいたのでは、そのあとに来る大きな幸運をつかめないんですよ。

運が悪いということは、どうしようもないことなんです。能力を超えた、才能を超えたことなんです。だから、落ち込むことはない。自分がばかなために失敗したり、不運を招いたこともあるだろうけれども、それに気づいたら、それだけ賢くなったんじゃないですか。だから、どこまでも前向きに、積極的に考えていく。暗いことは絶対考えない。運が悪いということは、どうしようもないんだ。そのかわり、運がいいということも、自分の能力を超えてやってくる。それをつかんで、確実に自分のものにするということ、それが一番大切じゃないか。それを忘れてはいけない。

今いいましたように、このキングスレイ・ウォードも、落ち込んでいたときに、自分が持っている六つの宝に気がついたわけです。そして、破れたこと、失敗したことは、それによって忘れてしまう。そして、「さあ、やるぞ。この経験をもとにして、かならず成功を勝ち得るぞ」そういう勇気を彼は自分の心の中に沸き起こした。それが大切です。勇気を失ったならば、どんな幸運がやってきても、それを見つけることはおろか、生かすことなどとうていできない。チャンスはいつでも転がっているんですよ。それに気がつかないだけです。

われわれは宝生護摩によって強い運気をいただいている。しかし、どんなに強い運気をいただいても、勇気を失って、目の前が真っ暗になっていたのでは、その運気を生かすことはとうていできないでしょう。元気を出して、勇気を奮って、そして大きなチャンスをつかみましょう。

そこで、朔日縁起宝生護摩の合言葉を唱和しましょう。私が先導します。

「さあ、やるぞ。
かならず成功する。
私はとても運がいいのだ。
かならずうまくいく。
絶対に勝つ」

もう一回。

「さあ、やるぞ。
かならず成功する。
私はとても運がいいのだ。
かならずうまくいく。
絶対に勝つ」

では、いっていらっしゃい。勝つために。

一九九三年十二月（関東別院）

勇気と決断を持って挑戦する

皆さん、おめでとうございます。元気ですか。

どうも元気が足りないなあ。もう少し元気よく。

元気です。

もう一回、元気です。

そうですね。人間は、いつでもどこでも、元気いっぱい、元気はつらつとしていなければいけません。どんなに苦しいことがあっても、辛いことがあっても、元気を失ったらもうおしまいです。

昔から成功した人、偉大な仕事をなし遂げた人は、どんなに苦しいときでも、どんなに辛いときでも、勇気を失わず、元気を出して乗り切りました。彼らといえども、辛くて、辛くて、何もかも投げ出してしまいたい、そういう思いに駆られたときもあるでしょう。落ち込んでしまって何もやる気が起こらない、そういうこともあったと思います。しかし、彼らはそのつど勇気を奮い起こし、元気を出して、それを乗り越えていったわけです。だからこそ、彼らは成功した。私たちも、どんなに苦しいときでも笑みを忘れず、がんばらなければいけません。

昨年は本当に暗い一年でした。明るい話題といったならば、皇太子様が雅子様とご結婚なさったことぐらいではないかと思います。わずかにスポーツ界に、明るい話題がいくつかあったようです。サッカーがたいへんな人気のようですが、私はサッカーのことはよくわかりません。しかし、大相撲に明るい、すばらしい話題がありました。智ノ花伸哉関が、このたび新小結に躍進したのです。

平成四年春場所に初土俵を踏んで以来、十一場所勝ちつづけて、負け越しなしという、すばらしい記録です。学生相撲出身の天才といわれた輪島が、十二場所目で新三役になったわけですが、智ノ花は一場所早い十一場所目で新三役になったという。これはすばらしい記録ですが、私はそれだけで感動したのではない。平成四年に彼が大相撲に飛び込んだ、そのときに、私は彼に強い感動を覚えたんです。

彼は、そのときもう二十七歳。奥さんがいて子供が一人いる家庭持ちです。そして、高校の先生という安定した職業を持っていたにもかかわらず、それを投げ捨てて、大相撲に飛び込んだ。彼は平成元年にアマチュアの横綱になっておりますから、一番下のふんどし担ぎからやるということはない。幕下付出しで初土俵を踏むことになるけれども、しかし給料はまったくないわけです。

お相撲さんは、十両になって初めて関取という名前がついて、給料がいただけるようになる。それまでは、ひいきの方からご祝儀をいただくか、たまに親方から小遣いをもらうくらいで、無給金なんです。そして、年月を経さえすれば上へ上がっていくという、サラリーマンのような世界ではない。勝ち越さなければ上へ上がれないし、やがて廃業ということになって、辞めたならば、あとはどうなるかわからない。不安定この上なし。しかし、実力さえあればどんどん上へ上がっていく。そういう世界です。そこへ彼は、安定した職業を投げ捨てて飛び込んでいく、これはたいへんな勇気を必要とします。

ですから最初、奥さんもあまり賛成しなかった、反対したというのは当然のことだと思います。まったく成算がないわけですから。そこで、智ノ花も一時はあきらめたようですが、しかし、どうしてもあきらめられない、どうしても大相撲の世界に入って自分の実力を試してみたい、その思いが募るばかり。これはおそらく、日大の相撲部で三年後輩だった舞の海が幕内に入って健闘している、あいつがやるんだから、俺だってできないことはない、そういう気持ちだったんでしょうね。どうしてもあきらめきれない。

そこで奥さんに言った。「どうしても自分は大相撲に入りたいんだ。今がぎりぎりの限界だ。これ以上年をとったならば、この望みはとうてい果たせない。俺はどうしてもやりたい」。すると、奥さんがそれを聞いて、「そんなにあなたがやりたいならば、おやりなさい。生活はなんとかします」そう言って、彼を励ました。奥さんはアルバイトに出て生活費を稼ぐということになり、彼は大相撲に入ったわけです。私は、その話を聞いたときに強い感動を覚えた。それは、私自身の過去に同じようなことがあったからです。

昭和五十三年、私はそれまでの観音慈恵会という宗教教団を改めて、阿含宗を立宗した。阿含経を依経とする教団です。お釈迦様がお説きになった阿含経だけが本当のお釈迦様の説法である。日本の大乗仏教は間違いだ。これはお釈迦様の本当の仏教ではない。そこに気がついた私は、仏弟子として、どうしてもこれを世間に主張したかった。日本の仏教は全部うそをついている。坊さんたちも、それを知らないはずはない。しかしながら、私がそれを主張したならば、日本の仏教界からはもちろん、自分の所属する宗派からも追放される。それが怖い。そのために卑怯にもお釈迦様を裏切って黙っているんだ。これは許せない。そう私は思った。得ない。

しかし、さて阿含宗を立宗するということになると、これはやはり、考えざるを得ない。阿含宗を立てるということは、他の仏教は全部間違いなんだ、阿含宗だけが正しいんだ、ということを主張するわけですから、日本中の仏教を全部敵にまわさなければならない。おそらく彼らは、私をつぶそうとかかってくるにちがいない。真実であるだけに怖いわけですよ。私がうそを言っているんだったならば、何あいつはばかげたうそを言っているんだ、と一笑に付すでしょう。しかし、私の主張は正しい、真実である、だから怖い、つぶさなきゃならんということで、全力をあげてつぶしにかかるだろう。私もそれを考えると、やはり躊躇せざるを得ない。

当時、観音慈恵会はかなりの信者を持っていたし、私の本も何冊かベストセラーになって、安定した成長を示していました。このまま進んでいけば、超一流の教団にはなれないかもしれないけれども、二流の上くらいの教団にはかならずなれる、安定した軌道に乗っている。それを投げ捨てて、どうしてそんな冒険をしなければならないのか、他の坊さんたちと同じようにじっと黙っていたらいいじゃないか、そういう思いもありました。

三年間、私は考えに考えた。それは、全仏教を敵にまわすということを考えただけではなく、私の考え自体が間違っているんじゃないだろうか。千数百年の日本の仏教の歴史において、あるいは中国からの仏教の歴史において、阿含経というお経は小乗経とされている。私はそれを、最高のお経だと考えるわけです。このギャップはどうなんだと。今までに何人かの大天才があらわれたでありましょうが、その人たちが何も言っていない。凡才の私が、どうしてそこに思いついたのか。これは私の思い違いじゃないだろうか。そういうことも考えました。そして、全仏教を敵とするということにやはり躊躇を感じて、三年間、私は悩みに悩んだ。

しかし、最後に私は決心した。これはどうしてもやるべきだ。これをやらないで、口をぬぐってこのまま続けていったならば、いつか死ぬときに、私は心から後悔するにちがいない。なぜあのときに勇気を奮ってやらなかったのか。自分一人になってもやるべきだったのではないか。お釈迦様の弟子として、これほど恥ずかしいことはない。死ぬに死ねない。しかしながら、今からどうするすべもない。

私は、その後悔の念で、おそらく地獄に落ちるにちがいない。地獄に落ちるなんて真っ平です。また、これからも、死ぬ以前においても、やるべきか、どうなんだという思いに責められるにちがいない。そんな思いをするくらいならば、全仏教を敵として闘って敗れてもいいじゃないか。私の主張が正しいならば、仏様はかならず私に味方するはずなんだから。とにかく成敗《せいはい》は度外視して、自分の信念、やりたいことにかけよう。そう私は決心して、阿含宗を立宗することにした。

しかし、信者は三分の一、五分の一以下になるかもしれない。私は家族に告げました。「生活を縮小してくれ。別に今、ぜいたくをしているわけではないが、信者が減って、そうとう資金的に苦しくなるだろうから、生活を縮小するようにしてくれ。まあ、貧乏は昔からなれているから、別に悲壮な覚悟をするというほどのことではないが、そういう心構えでひとつ生活を立て直してくれ」

私は、信者はかなり減るだろうと思いましたが、しかし私を信じてついてきてくれる弟子、信者が百人いたらいい。いくらなんでも百人はいるだろう。いや、五十人になっても、三十人になってもいい。自分一人になっても、私はやりとおす。そして、数年後には、今の観音慈恵会よりももっと大きな教団になっているだろう。なぜならば、仏様が私に味方しているからだ。私は自分の欲で新しい教団を立てようと思っているのではない。釈迦の仏法を世の中に出さなければならないのだ。釈迦を世に出すために自分は闘うんだから、仏様たちが私に味方しないはずはない。もし失敗したとしたならば、それは私の主張が間違っているか、私の考えのどこかに間違いがあったためにちがいない。やろう、そう私は決心した。

その結果、阿含宗に変わったということでやめていった信者はほとんどいない。五人といなかったでしょう。ほとんどがついてきてくれた。そして今、他の大教団のように何百万人なんていう信者はいないけれども、しかし阿含宗の信者は、一人一人がそういう教団の千人、万人に匹敵する、粒よりの信者である。本当のお釈迦様の仏法を信じて、釈迦を世に出すべく精進、努力している信者なんだ。誇りある教団なんだ。

そして、こういうお正月の例祭には、このようにたくさんの諸君が集まって、全国十数カ所以上の道場が、通信衛星をもってお互いに勤行をし、私の法話を聞いてくれる。ここまで進んできた。しかし、私はこれをもって成功したなどとは思っていない。これからが阿含宗の本当の仕事なんだ、本当の阿含宗の時代がこれから開けるんだ。そういう思いで、私は今年のお正月に臨んだわけです。

そういう思いがあって、智ノ花が安定した生活を振り捨てて、自分のやりたい相撲道に生きるんだという信念を生かそうとした勇気と決断に、私は二年前、当時皆さんにもお話ししましたが、感動したんです。私は今日あるを見越して、そのとき感動したわけではない。私が見たところ、彼ははたして幕内まで行けるかどうか、といっても、私は相撲取りではないわけですからなんともいえないけれど、どうも心もとなかった。二十七歳ですから。しかし、彼ががんばり屋であることはよくわかっていた。

彼は子供のときからからだが小さかったそうです。同級生でも、中よりずっと下だったというんです。なぜ相撲をやるようになったかというと、おじさんが中学の相撲部のコーチをやっていて、その関係で相撲部にひっぱりこまれた。あまり好きではなかったらしい。なぜならば、その相撲部の同級生たちの中で一番からだが小さくて、いつも負けていたという。そのつど、おじさんに叱咤激励されて、血のにじむような稽古に励んだそうです。からだを大きくしなきゃいかんというので、毎日どんぶり飯大盛り二杯の食事をつめこまされた。そんなに食べられないんだけれども、食べろ、食べろというので、泣きながら御飯を食べたというのだから、悲壮なものですね。

中学三年生のときに一六〇センチで体重六十キロというのですから、他の相撲取りのように、子供のときからからだが大きくて相撲取りを志したというんじゃない。けれども、負けず嫌いで一心不乱に稽古に励んだおかげで、じりじり力をつけてきた。しかし、日大に入って相撲部に入ったときにはレギュラーにはなれないで、二軍の補欠だったたという。それでもがんばって、平成元年にはアマチュアの横綱になったというのですから、人並みすぐれて、何倍もの根性を持っている男だということでしょう。その根性でもって稽古に励んで、とうとう新小結になった。

三役に入ったということは、たいへんなことです。本心かどうかは知らないけれども、彼は、「幕内で一場所でもとりたいんだ」ということを言っております。それは本音だと思うんですね。そして今でも、明日の取り組み相手がだれになるのか知るのが怖いと言っている。お相撲さんに共通した考えではありましょうが。

特にすぐれた体格ではないのに、とうとうここまできた。三役をどこまで張り通せるか、今年はそうとう厳しいと思うんです。相手がみんな研究してきますからね。新人のうちは、相手が油断してあまり研究しない。なに大したことはないと思って、他の強い相手を研究してますから。しかし、こんなに勝ち越してきますと、そうはいかんぞということで、みんな取り口を研究してきます。お正月早々そんなことを言うと、彼の張り手をかまされるかもしれないけれども、今年は一度くらい陥落するのではないかと思う。けれども、彼の根性、精進、努力で、かならずまた返り咲いてくるだろう。大関はちょっと無理だが、関脇ぐらいまではぜひ昇進させてあげたいな、そのように私は思います。

ここまできたということは、それは結果であって、私が感動したのは、二十七歳にして自分がやりたいと思う相撲に取り組んだということ、大相撲界に飛び込んでいったということ、この勇気と決断、そして確信ですね。

相撲雑誌では、彼はこのとき人生に賭けたんだと書いていますけれども、私は賭けたんではない、挑戦したんだと思う。賭けるということは勝負事で、一か八か、僥倖を頼むところがありますけれども、彼は先ほどいったように舞の海の活躍を見て、俺だってできないことはないという確信があった。そして、持ち前の根性で努力すればかならずやれるという確信があったと思うんです。確信があるかぎり、はたから見て一か八かの賭けのように見えても、それは決して賭けではない、挑戦なんです。勇気を奮って決断し、挑戦したその姿勢を私は高く買う。今あるのは、その結果に過ぎません。

私たちは、自分の人生において何度か、勇気を持って決断しなければならないときがあります。そのときに決断ができるかどうかで、その人の人生は大きく変わってしまうんじゃないか。挑戦しなければ失敗はないわけです。そのかわり成功もない。成功を目指すならば、やはり勇気を持って決断していかなければならない。そして、人生の岐路にあたって決断するということは、そう何度もあることじゃないけれども、勇気を持つということ、勇気を奮うということは、毎日毎日必要なことだと思うんです。

私たちが充実した日々を送るためには、常に勇気を持たなければいけない。常に元気を出さなければいけない。一日のうちに何度か、勇気を失うような、元気を失うような出来事が起きるかもしれない。毎日そういうことが起きるかもしれない。人が陰でいろいろ悪口を言っている、自分の思いもよらない悪口を陰で言われている、というようなことを聞いたとき、とたんに元気を失って落ち込んでしまうことがあるんじゃないか。先のことを考えて不安だと思うときに、勇気を失い、落ち込んでしまうようなことがあるんじゃないか。そういうことが、私たちの毎日毎日、日常の上に起きてくる。そのときに、勇気を持って、元気を奮い起こして、笑みをたたえて乗り越えていく。常に勇気は必要なんだ、常に自分を元気づけることが大切なんだということを、痛切に感じます。

今年も前半はかなり暗い世相が続くでありましょうけれども、いつまでも夜中ではなく、暗いあとには必ず明るみが出てくるわけですから、常に自信を失わず、希望を失わず、元気いっぱいがんばりましょう。

そこで、阿含宗朔日縁起宝生護摩の恒例の言葉を唱和いたしましょう。私が先に唱えますから、あとについてください。

「さあ、やるぞ。
かならず成功する。
私はとても運がいいのだ。
かならずうまくいく。
絶対に勝つ」

もう一度。

「さあ、やるぞ。
かならず成功する。
私はとても運がいいのだ。
かならずうまくいく。

絶対に勝つ」

今年も勝ちましょう。

一九九四年一月（釈迦山大菩提寺）

先延ばしせずに即実行

皆さん、おはようございます。元気ですか。

ちょっと、元気が足りない。もう少し元気よく。

元気です。

そうですね。ようやく元気らしくなりました。

私たちは、いつでもどこでも、元気いっぱい、元気はつらつとしていなければいけません。昔から成功した人、偉大な仕事をなし遂げた人は、どんなときでも元気いっぱい、元気はつらつとしていました。彼らといえども、辛いとき、悲しいとき、苦しいとき、いろいろあったと思いますけれども、どんなときでも彼らは元気を失わず、勇気を奮って、自分の悪い環境と闘って、そして成功への道を歩んできました。そのようにして彼らは成功者となったわけです。私たちも、いつでも元気、勇気を失ってはいけませんね。

こういう成功者に共通の特徴というものを見てみますと、今申しましたような元気を失わないということ、勇気を失わないということと同時に、自分自身と闘っていったということです。自分自身の欠点、弱点、短所と闘って勝ったということ、これが大きな特徴だと思うのです。

ベンジャミン・フランクリンという有名な人がおります。この人は、代表的なアメリカ人といわれ、科学者、政治家、文章家として、偉大な足跡を残しました。そして何よりも、彼が讃えられたのは、その玲瓏玉のような人格であったという。いささかの欠点もない、すばらしい人格者であったということです。

ところが、彼の伝記を読んでみますと、若いうちは非常に欠点の多い人間だったようです。それで若いとき、先輩から忠告を受けたんです。

「君は頭もよろしいし、すばらしい閃きも持っているけれども、しかし人格的にいくつか問題があるぞ。これを直さなければいけないな」

そう言われて、彼はハッと気がついた。そして、自分自身、反省に反省を重ねて、自分の欠点と思われるものを克明に書き出したんです。十いくつか書き出した。そして一日が終わったとき、その欠点を今日は出さなかったかどうか、ひょっとして出したんではなかろうか、それをよく反省して、もし欠点を出したときには、日記にそのことを書いて、強く自分を戒めた。そして、一つ一つ自分の欠点を直していったというのです。

その彼が自分の持つ欠点の中でも、二つ、強く自分を戒めていたことがあるというのです。それは何かというと、第一に人の批判をしないこと。彼は頭もいいし、そして正義漢でありますから、人の間違ったことを見たり、人が間違ったことを言っているのを聞くと、我慢できない。それを真っ向から批判する。批判しているうちに、だんだん熱くなっていく。非常に過激な言葉まで用いてしまう。非常な情熱家でもあったんでしょうね。そのために無用な敵をずいぶんつくったという。それを先輩から強く戒められて、彼は深く反省し、自分のいくつかある欠点の中で、まずそれを強く自分自身に戒めたといいます。

それからもう一つは、ともすると頭のいい人にありがちな、言葉だけあって、実行が伴わない。いろいろなことを思いついて、いろいろなことを言うけれども、結局、実行には至らない。

この二つを彼は、自分自身に対して強く戒めたといいます。

そして、晩年の彼は、本当に羽の毛で突いたような欠点もないという、玲瓏玉のごとき人格をつくりあげて、そして多くの人たちから慕われて、代表的なアメリカ人といわれました。

私は若いときに、彼の伝記を読んで、その点に強く感銘しました。そして自分自身の欠点を書き出してみた。幸い私は、密教占星術をやりますから、占星術の上から、自分の欠点というものを、いくつか書き出して、それを矯正するように努めました。この、フランクリンの欠点がそのまま私の欠点でもありました。フランクリンの欠点よりも、さらに多くの欠点を私は見出しましたけれども、究極的に、やはりこの二つが自分の一番の欠点だと、私は考えた。

私もどちらかといいますと、人を批判する。その一番大きなのが、日本の仏教界を批判してしまったということなんです。個人的にも、私は人を批判する、そういう癖がある。これはいけない。必要なとき以外には、人を批判してはいけないな、つくづく、そう反省しました。しかし、反省してもまだ、その癖は完全には直ってはいないと思って、私は今でも自分を強く戒めております。

それからもう一つは、実行するということです。昔から成功した人で、実行力のない人はないわけです。決断力と実行力のない人はない。実行しなかったら何もそこにないわけですから、成功もなければ失敗もない。何もないってことになってしまう。やはり実行力というものは大切だなあ、つくづく私はそれを感じた。私は宿命的に、そういった欠点を持っております。

ついでにいいますと、占星術では私は緩宮《かん》という星を持っている。私は庚申年ですから、これは緩宮ということになる、淘宮術では。

緩というのは、緩《ゆる》むということ。どうも、緩みがちなんですね。これはもう、生まれつきそうなんです。緩みがちである。その緩むということが、どういうことに出てくるかといいますと、物事を先延ばしする、ということなんです。これは私だけじゃない、多くの人にも見られます。見ておりますと、あなた方の中にも、そういう癖のある方がいるんじゃないかと思うんです。先延ばししてしまう。今日やらなきゃならないことを、明日にやる。今週やらなきゃならんことを、来週に先延ばししてしまう。これ、よくないんですね。先延ばしするということは、結局は口実に過ぎないわけです。やらなきゃならないと思ったなら、即座にやるということが、大切でしょう。

この欠点を私は、滝行でずいぶん直すことができました。今日も外はたいへん寒いことと思いますけれども、こういう寒いときに、氷をたたき割って、そして身体を清め、滝に打たれる。そりゃあ辛いですよ、寒いんですからね。いくら修行していたって、寒いときは寒い。暑いときは暑い。当然のことです。だからつい、今日はやめとこうかな、風邪気味だから、ってなことが出てくるわけですよ。しかし、私は七年間、滝行をするということを、固く仏様に誓った。仏様に誓うと同時に、自分自身に誓ったわけです。滝行をすることによって、超能力が得られるかどうか、そんなことは問題じゃない。まず、自分自身をたたき直すことなんです。どれだけ自分が自分に打ち勝てるか。

私は若い頃、結核を患いまして、弱い体質になっていた。ことに寒さに弱かった。しかし、十一月の半ばから三月いっぱいまで、一日も欠かさずに滝行いたします。そう誓って、滝行を始めました。風邪気味のこともあれば、頭の痛いこともある。お腹の調子の悪いときもある。しかし、口実を絶対許さず、とにかく時間になったら、パッと起きる。そして洗顔して、五社之滝へ、タッタッタッタッタと歩いていくんです。寒いですよ、これはもう、手の先も足もかじかんでくる。今のように、車に乗って、ヒーターを入れて、向こうに着いたときは汗ばむというようなことはしてない。雪の降る中でも歩いていくわけです。こうもりをさして、真っ向から吹きつけてくる雪の中を、すーっと行く。躊躇してたらだめなんです。寒いなあ、なんて見てたらだめ。寒いだなんて思ったらいかん。いやあいい気候だ、と思う。あったかいなあ、と思う。そして、一秒もためらわず、パッと行衣を脱いで、滝壺へ降りていくわけです。その間、ためらっちゃいかんのです。やらなきゃならないんだからやる。だれかさんが言ったように、やるっきゃない、ということなんだから、やるんだったら即座にやる。ためらっちゃいけないんです。即座にやるということ。これが非常に利きました。やるといったらば、即座にとりかからなきゃいけないということを、いつも心に言い聞かせておりました。

先延ばしするということは、これはまやかしなんですね。先に延ばすということは何もないんです。やるかやらないかの二つなんだ。先延ばしするというのは、自分の心の中でそう思ってるだけのことであって、現象的には、やるかやらないかだけです。明日やろう、明後日やろう、そういうものはないわけで、自分の心の中で描いている幻影であって、それは言い訳に過ぎない。やるか、やらないかなんだ。やるんだったら今すぐやろうじゃないか。これは、私が本を書く、原稿を書く上にも応用できたんです。

若いとき私は、ものを書くのになかなか筆をとらないんですよ。今日は調子が乗らない、気分が乗らないから、こういうときに書いたっていいものが書けない、調子が出てから、とこう思う。翌日になっても、今日も気分が乗らない。気分が乗らないときにやったって、いいものが書けっこない。そう思って、ズルズルズルズル、一カ月たっても、二カ月たっても、原稿が書けない。

ところが宗教家になって、本を書いている時間がない。とにかく、宗教団体の仕事が山ほどあるわけですから、その間をぬって、睡眠時間を削って、ものを書くわけですから、調子がいいの悪いのといってられないんです。

ある有名な作家がこういうことを言っているんですね。「気分が乗らないなどと言ってたら、いつまでたっても書けっこないんだ。書く、書いているうちに気分が乗ってくるものなんだ」と。それを読みまして、なるほど、これだな、と思った。だから私は、書かなきゃならないときには、頭が痛かろうが、寝不足で眠かろうが、とにかく机に向かって原稿用紙を広げて、メモでもなんでもいいから書きはじめる。とにかく書くということ。書いてるうちにだんだん調子が出てきて、眠さも、少々の頭の痛いのも忘れて、すーっと、没頭している。集中するまで多少無駄なことが書いてありますから、それをあとから削ってしまえばいい。

林芙美子という作家も言っています。小説を書いて、書き終わって最初の五枚ぐらいはとにかく削っちゃうんだ。切ってしまうんだと。私にはよくわかった。気分が乗っても乗らなくても、とにかく書くということ。最初のうちは、あとから見ると、やはり調子が出ていないんです。しかし、そのうち調子が出てくる。そこで、調子の乗らないうちに書いた部分は削ってしまう。脂が乗ったときの調子で、その部分を短縮して書く。

小説とかいろいろものを書くのに、構想を立てるとか、頭の中で筋書きを立てたり消したりするということはありますけれども、いずれにしても、とにかく原稿用紙に向かって、メモでもなんでもいいから書きはじめることが大切です。だから私は多忙のなか、一年間に二冊ずつ、本を書くということができたわけです。調子のいいときだけとは限らないので、調子の悪いときでもなんでも、時間を拾うようにして、だーっと書き上げてきました。

そのようにして、この緩む、先延ばしするということを、できるだけやめにしたんです。そのおかげで、私は、先延ばしばかりしている人に比べて、三倍の人生を歩むことができていると思う。先延ばしする、明日にしよう、明後日にしよう、来週だ、来年だ、これは、なんにもやってないわけです。それに比べて、思い立ったら今だと、とにかく手をつけること、やりはじめること、これが大切です。

多くの人を見ていますと、私と同じような欠点を持っている人がずいぶんいる。あたらよい才能を持ちながら、なかなかそれを現実にあらわさない。実行をしない。頭に浮かんだならば、すぐ着手する、先延ばしはしないということ。これが私たちにとって、本当に大切なことだと思いますね。そうすることによって、かならず、成功者への道を歩むことができると思うのです。

フランクリンがやったように、自分に打ち勝つということが大切です。朔日縁起護摩の合言葉に、「絶対に勝つ」という言葉が出てきますけれども、これは外部の敵だけじゃないんです。自分に打ち勝つ、ということが大切なんです。自分に勝てないものが、どうして他人に勝てるか、そう私は思います。それを常に念頭に置いて、まず実行する、思い立ったらとりかかる、ということで、成功への道を歩むことにしましょう。

そこで、阿含宗朔日縁起宝生護摩の合言葉を唱えますから、あとに続いて唱えてください。

「さあ、やるぞ。
かならず成功する。
私はとても運がいいのだ。
かならずうまくいく
絶対に勝つ」

もう一回。

「さあ、やるぞ。
かならず成功する。
私はとても運がいいのだ。
かならずうまくいく。

絶対に勝つ」

では、いってらっしゃい。勝つために。

一九九四年二月（関東別院）

悔し涙をバネにして栄光をつかむ

皆さん、おはようございます。元気ですか。

ちょっと、元気が足りない。もう一回、元気です。

元気です。

そうです。ようやく本当に元気らしくなりました。人間は、いつでもどこでも、元気いっぱい、元気はつらつとしていなければいけません。どんなに辛いことがあっても、どんなに悲しいことがあっても、元気はつらつとして自分の人生を歩んでいかなければいけません。

昔から、偉大な仕事をなし遂げた人、あるいは成功をした人は、いつでも元気はつらつとして努力してまいりました。彼らといえども、辛いこと、苦しいこと、泣きたいようなこと、たくさんあったでしょう。それを彼らは乗り越えて、成功への道を歩んでいったわけです。私たちも、いろいろ辛いことや悲しいことがあるでしょうが、それを乗り越え、いやむしろその辛さや苦しさをバネにして、大きく飛躍しなければいけないと思います。

十六日間続いた、リレハンメル冬季五輪大会も、日本時間、昨日の午前四時をもって盛大に幕を閉じたようであります。世界の一流の技を持った人たちが必死に戦うその姿は、本当に涙ぐましく、また感動的であって、私たちもいくつかの感動的なエピソード、感動的なシーンに胸を打たれました。

日本の選手は、気が優しいというのか、気が弱いというのか、いざ本番というときに、どうも実力を発揮できないようですね。外国の選手は、むしろ本番のほうがよい成績をあげる。ところが日本の選手は、「金メダル確実！」などと、あまりにマスコミがいいすぎるのかもしれませんけれども、どうも本番に弱い。

今回もいくつかの金メダルが予想されていましたけれども、結局は銅メダルの一つも取れないのではといささか寂しい思いをしはじめた矢先に、キング・オブ・スキーといわれるノルディック複合団体の競技で、日本の荻原健司、河野孝典、阿部雅司、この三人の選手が健闘して、前回のアルベールビルに続いて金メダルを取りました。

たった一つではありますけれども、あの激しい戦いの中で金メダルを取るということは、どんなにたいへんなことなのか、私も忙しい中を時々テレビをつけて見ていましたが、本当にその妙技たるや、まるで魔術を見るようで、そのすばらしい技術を見せる選手たちの姿に、私は心から敬服したものです。彼らが金メダルを一つ取ってくれて、日本も面目を保ったようですね。

この三人の選手が金メダルを胸にかけて、貴賓室で待っておられた三笠宮寛仁殿下のところへご挨拶に行った。すると、殿下が「おめでとう！」と、三人一人ずつに力強く祝福の言葉を贈られ、その中で、阿部雅司選手にこうおっしゃった。

「皆さんみんな嬉しいでしょうけれども、ことに君はこの前のことがあったから、一番嬉しいんじゃないのかね」

すると、阿部選手は涙をこぼしながら、「はい、いろいろな人に会って、そしてほんとによかったと思います」と、辛うじてそれだけお答えしたという。

殿下が、前回のことがあっただけに、君が一番嬉しかったんじゃないのか。そうおっしゃったのはどういうことかといいますと、前回のアルベールビル大会で阿部選手は日本のエースだったんです。そして正選手として出場するとだれもが思っていたのに、ジャンプを失敗して補欠に回されてしまった。本人もずいぶん悔しかったでありましょうが、補欠として現地に行き、同僚の選手たちの活躍を見守った。

アルベールビルでも、このノルディック複合団体で、日本は金メダルを取ったわけです。それで彼も同僚の選手たちと一緒に喜んで帰国した。すると、成田空港についたとき、ドーッと駆け寄ったカメラマンたちが、この阿部選手に「補欠の人はあっちへ行って」と、こう言ったのです。彼は愕然としました。なんたる侮辱でしょうか。監督や関係者から、「補欠の選手は向こうへ行きなさい」と言われるんだったらまだしも、カメラマンに向こうへ行ってと言われるとは、なんたる屈辱か。彼は腹の底から憤りを覚えたと思いますね。

本当に悔しかったと、彼は今語っています。しかし、「そうだ、自分はメダルが取れなかったんだ。補欠なんだ」と思って、向こうで華やかにカメラのフラッシュを浴びている同僚たちをじっと眺めていました。「もう、引退だなあ」。彼は今、二十八歳ですから、そのときは二十四歳だった。もう引退か、そう思ったけれども、ちょうど結婚して間もない奥さんが妊娠をしたということを告げられた。そこで彼は奮起したんです。生まれてくる子供が物心つくまで、俺はもう一度がんばってやり直そう。四年後を目指して、かならず俺は飛躍するぞ！　そう固く心に誓って、彼は懸命に練習に励んだ。

その結果、彼は正選手に選ばれた。見事に金メダルを手にしたわけです。「補欠の選手は向こうへ行って」とは、なんという屈辱でしょう。気の短い男だったら、相手に何か言い返したり、あるいは胸ぐらをつかんだかもしれない。カメラマンになんでそういうことを言われるんだと、そういう思いだったでしょう。しかし、補欠なんだから返す言葉がない。本当に彼は心の中で泣いたと言っております。その悔し涙をバネにして、彼は金メダルを取った。

考えてみると、悔し涙を流すということは、だれでも長い人生の中に何度かあるだろうと思うんです。私もかつて、悔し涙を流したことがある。しかし、悔し涙を流して、そのまま泣き寝入りをしてしまう人が多いのではないでしょうか。その悔し涙をバネにして、そして栄光をつかむ。これが人間の本当の生きざまじゃないか、そう思います。どんなに苦しいことがあっても、どんなに辛いことがあっても、また悔しいことがあっても、それをバネにして私たちは飛躍しなきゃいけない。泣き寝入りをしたんでは、これは決して人生の成功者にはなれない。つくづくそう思います。

もう一つ感動的な逸話がありました。女子フィギアで新しいクイーンになった、オクサナ・バイウル選手です。ウクライナの、十六歳のまだ少女といっていいような、そういう娘さんです。このバイウル選手の生い立ちを聞いてみますと、本当にびっくりするような逆境を乗り越えてきている。二歳のときに両親が離婚をした。そしてお母さんの手で育てられたわけですけれども、そのお母さんも彼女が十三歳のときに、癌で亡くなってしまった。解脱供養しておけばよかったんでしょうが、ウクライナには解脱供養というようなものはありませんから、十三歳でお母さんが亡くなってしまった。

子供のときから貧しい中で彼女はフィギアをやってきたわけですが、お母さんが亡くなってしまった。途方に暮れた彼女をコーチが引き取って、そしてフィギア生活を続けさせてくれたのです。それも一、二年後にこのコーチも余儀ない事情で外国へ亡命してしまった。天涯孤独、だれも頼る人がいない。フィギアという競技は、非常にお金がかかるのです。そういう中で貧しさに耐えながら、周囲の人たちの好意で彼女は育っていった。そして今回の出場となったわけですが、だれも彼女が優勝するとは思っていなかった。

競技の直前、練習中にドイツの選手と衝突して、軸足の右足に大ケガをした。二針縫ったというんです。すぐに出場しなきゃならない。医師は包帯を巻こうとしたんですけれども、包帯を巻いたならば、美的価値を損ずる、見苦しいということで、包帯をいっさい拒否し、痛み止めの注射をして演技をした。そして彼女は優勝したわけです。それまで優勝するかと思われていた、アメリカのケリガン選手を、わずかながら上回って優勝してしまった。

金メダルを受け取るべく、表彰台に上ろうとした彼女は、本当に泣いて泣いて、何回お化粧をしても涙で落ちてしまって、そのたびにお化粧をし直し、それが十回にも及んだというんです。まあよく勘定していたものですが、十回お化粧を直したという。一緒に並んだケリガン選手が、「またあなた泣いてるの、せっかくのお化粧がまた流れてしまうじゃないの」と優しくいたわったというように伝えられております。

逆境をはね返して、環境に負けないでがんばり抜いた、その間の辛さがいっぺんに吹き出したのでしょう。そう思って、私も熱いものを感じながら、このエピソードを読みました。

人間はともすると、自分の努力の足りないのを環境のせいにしやすい。頭が痛かったから、おなかが痛かったから、風邪をひいたから、景気が悪いから、家庭の環境がよくないから、社会の理解がないから。自分のことを棚にあげて、環境のせいにしてしまいやすい。しかし、このバイウル選手の話ほどすさまじい逆境があるだろうか。

二歳で両親が離婚して、お母さんの手で育てられ、貧しい中で選手生活を続けていく。そのお母さんも十三歳のときに死んでしまった。天涯孤独の身で、周囲の人の好意によってここまで耐え抜いて、選手として成長していく。このすさまじい逆境をはね返した彼女の精神こそ、その技術よりも讃えられるべきではないだろうか、私はそう思います。

何事も自分の周囲の環境のせいにしてはならない。不景気であろうが、健康がすぐれなかろうが、気分が乗らなかろうが、一切そういうことを乗り越えて、そして自分の力で成功を勝ち得なければならない。そうしてこそ本当に人生の勝利者となるんだと、そう思います。

私たちもこの十六歳の少女を見て、奮起しなければいけない。また、阿部雅司選手のように悔し涙をバネにして、成功へ飛躍していかねばならない。

いくつかのドラマが演じられた中で、この二つのエピソードが胸を打ちました。私たちもひとつ、がんばりましょう。

朔日縁起宝生護摩の合言葉を唱えて、今月も力いっぱいがんばろうじゃありませんか。私が合言葉を唱えますから、続いて唱和をしてください。

「さあ、やるぞ。
かならず成功する。
私はとても運がいいのだ。
かならずうまくいく。
絶対に勝つ」

もう一回。

「さあ、やるぞ。
かならず成功する。
私はとても運がいいのだ。
かならずうまくいく。
絶対に勝つ」

では、いってらっしゃい。勝つために。

一九九四年三月（関東別院）

果報は練って待て

皆さん、おはようございます。元気ですか。

うーん、ちょっと元気が足りないなあ。もう一度、元気です。

もう一回、元気です。

そうですね、ようやく元気になりました。人間は、いつでもどこでも、元気いっぱい、元気はつらつとしていなければいけません。昔から偉大な仕事をなし遂げた人、あるいは成功した人は、いつでもどこでも、元気いっぱい自分の人生を歩んでいきました。彼らにも辛いとき、あるいは苦しいとき、泣きたいときがあったと思います。しかし、彼らは決してそれを表に出さず、元気いっぱい自分の人生を歩んでいった。だからこそ、彼らは成功したわけです。私たちも、どんなに辛いことがあっても、苦しいことがあっても、それに負けてはだめです。それを乗り越えて、元気いっぱい自分の人生を歩んでいかなければいけません。

去る二十六日に、人間国宝であった第十三世片岡仁左衛門さんがお亡くなりになりました。上方歌舞伎、江戸歌舞伎の両方に通じた、非常な勤勉家で、努力家であったということでございます。昭和四十七年に人間国宝になられて、歌舞伎界のために尽くされました。

しかし、この方が名優だといわれるようになったのは、七十歳を過ぎてからだというんですね。決して素質や才能に生まれつき恵まれていた方ではなかったと思います。若いときにはよく、大根、おかめ、というような罵声を浴びたこともあったといいます。しかし、それにめげずに一生懸命に努力して、そして名優といわれるようになったのは、七十歳を過ぎてからだといいます。

しかも七十歳を過ぎて間もなく、彼は緑内症のために失明しているんです。これはたいへんなハンディキャップを負ったと思いますね。舞台というのは、限られた空間で、相手と芝居をする。相手の表情、仕草、そういったものに応じて、芸を演じていかなければならない。それが、目が見えないというのは、たいへんなことだと思います。しかし、目が見えなくなって、彼はかえって名優になったんじゃないかと、批評家などは言っています。なぜかというと、舞台で芸を演ずるのに目が開いていると気が散りやすい。しかし目が見えないと、内にこもって芸づくりに専念集中できるんだと、そのように新聞などに書いている批評家もいます。しかし、それはプラスの面を強調したのであって、マイナスの面ははかり知ることができなかったろう、そう思います。

上方歌舞伎、江戸歌舞伎、両方に通じた生き字引だといわれるくらい、彼は勉強家だったということです。今日、彼のことをお話ししようと思ったのは、この人が日常、よく語っていた言葉というのが新聞に報じられまして、私はそれに感銘を受けたのです。

どういう言葉かというと、彼は「果報は練って待て」とこう言うんですね。これには私は大きな感動を受けた。諺では「果報は寝て待て」ですが、仁左衛門さんは「練って待て」とこう言う。これは芸を練って待てと言うんでしょう。

果報というのは好運ということですね。好運というものが果たして寝て待っていればまわってくるのかどうか、これは疑問だと思います。しかし、この言葉はどういうことかというと、人間というものは運期が悪くなりますと、えてしてバタバタつまらない動きを始めるんです。運期が悪いので何かと状況がよくない、そこで苦し紛れにいろいろなことをやり出す。そして運期が悪いときですから、かえって失敗をして、運の悪いのを積み重ねていく。運の悪いときにはじっと辛抱をして、待つ。変なことをやるよりも寝ていたほうがいいぞ、というのが一つの金言なんです。

私も若い頃、まだ宗教家になる前に自分の運期を運命学でみまして、今、運期が悪いとわかると、世間と接触を絶つようにして、ひたすら図書館へ通って、読書に励んだものです。運期が悪いからお金だってあまりない。でも、当時のお金で十円かそこら払うと、図書館へ行って好きな本をいくらでも読むことができる。だから、私は家内から百円もらって、朝から図書館へ行って、好きな本をひたすら読んだ。そして三十円で昼飯を食べて、残りのお金が電車賃になるわけですけれども、帰りに十円か二十円余ると子供にキャラメルを一箱買って、それで帰った。いわゆる百円亭主だったわけです。

そして、よく先輩などから「仕事手伝ってくれ」という頼み事を受けることがありましたけれども、私は今、運が悪いんだから、あなたの仕事を手伝って失敗するかもしれない。だから私はお手伝いはしない。けれども知恵だけは貸してあげます。そうやって、いろいろな相談事に応じたことがあります。それが三、四年続いた。

運の悪いときには、蓄積するということが大切なんです。それを片岡仁左衛門さんは「練って待て」と言ったのです。これは寝て待つよりいいと思うんです。自分の芸を一生懸命に練って、そして運期のまわってくるのを待つ。やがてはかならず、よい運期がまわってくるのです。

人間の運期には盛運期、順運期、そして平運期、衰運期、凶運期というように、五段階あるわけです。どんな才能のある人も、運の悪いときはどうしようもない。やることなすことヘマばかり。自分では精いっぱいやっていても、周囲の状況が思わしくないと、仕事は自分一人でやるものじゃないんですから、うまくいかないのはあたりまえ。そういうときはじっと辛抱して、そうして寝て待っているのではなく、練って待つということが大切でしょうね。

仁左衛門さんは、そうやって九十歳の人生の幕を閉じた。昨年十二月に京都の南座で最後の舞台を踏んだという。九十歳で現役というのはたいへんなものだと思います。平素の鍛錬、平素に芸を練っているからこそ、それが可能になったのでありましょう。私たちもこの「果報は練って待て」という仁左衛門さんのいつもの口癖、これを念頭に置いて、日常、自分の仕事を練っていきたい。かならず運期のよいときはまわってくるわけですからね。また現在運期のよい人は、平素練っていた仕事の上での実力を思う存分発揮したらいいでしょう。今運が悪いな、運期が悪いな、と思ったならばじっと辛抱して、そうして仕事の上での実力を練って、やがて来たるべき幸運期を待つ。この心構えが必要でしょう。かならずよい運期は来るわけですから、それを待って、ひとつがんばりましょう。

そこで、阿含宗朔日縁起宝生護摩の合言葉を唱えましょう。私が先導しますから、あとに続いてください。

「さあ、やるぞ。
かならず成功する。
私はとても運がいいのだ。

かならずうまくいく。
絶対に勝つ」

もう一度。

「さあ、やるぞ。
かならず成功する。
私はとても運がいいのだ。
かならずうまくいく。
絶対に勝つ」

では、いってらっしゃい。勝つために。

一九九四年四月（関東別院）

焦るな、腐るな、怯《ひる》むな

皆さん、おはようございます。元気ですか。

どうも元気そうじゃないですね。連休のはじめだからといって、たるんでちゃいけません。

元気です。

もう一回、元気です。

うん、そうですね。ようやく本物の元気らしくなりました。

私たちは、いつでも、どこでも、元気いっぱい、元気はつらつとしていなければいけません。

昔から偉大な仕事をなし遂げた人、あるいは成功をした人は、どんなときでも元気を失いませんでした。彼らといえども、苦しいとき、辛いとき、悲しいときもあったでしょうけれども、そういうときこそ、彼らは勇気を奮い起こして、元気いっぱい自分の人生を歩んでいった。そして、彼らは成功したわけです。

私たちも、どんなに辛いことがあっても、苦しいことがあっても、それに負けてはいけません。そうして元気を奮い起こし、勇気を奮い起こして、自分のなすべきこと、なさなければならないことに全力を打ち込むのです。そうすれば、自然に成功への道は開けてくるわけですね。

最近、ゴルフ界が非常に盛んでありまして、まあ、サッカー人気に、やや押され気味とはいいながらも、年間五十億円くらいの賞金をかけて、プロゴルファーたちが勝負を競っている。優勝すると、二千万円近くの賞金が入るということですから、彼らも自然と熱が入るんでしょう。

今日も、中日クラウンが行われております。しかし、どうも見ておりますと、日本の男子プロは、だらしがないといっては語弊がありますけれども、見ていて本当にじれったい思いがいたします。アジアサーキットという、アジア各地を転戦してきた無名の外国人選手たちが、優勝をさらってしまう。日本の人気選手、一流の選手たちの旗色はよくないですね。

今日も、外国の選手が優勝しそうです。念力をかけて日本の選手を勝たせたいと思うんだけれども、それでは一生懸命戦っている外国の選手がかわいそうですから、テレビを見ながらやきもきしているということです。

女子プロは、男子プロに比べて強いですね。日本からは、世界に通用する二人の女子プロ選手が出ております。いうまでもなく、岡本綾子プロと小林浩美プロの二人です。小林浩美プロはつい先日、惜しくも予選落ちしたけれども、しかし去年は、アメリカの賞金ランクのベストテンに入って、世界に通用する実力を発揮しております。

この女子プロたちの行動を見ておりますと、やはり世界に通用するだけのものを持っているな、ということが痛感されます。日本の男子プロたちが批評されておりますが、その第一にくるのが、練習不足じゃないか、ということなんです。外国のプロたちは、その日の試合が終わると、少し調子が悪いとすぐに練習場に行って、一時間でも二時間でも、日が暮れるまで練習しているというんです。調子がよくても、その調子を落とさないように、一生懸命練習しているという。ところが、日本の男子プロで、試合が終わって、練習場で練習するという選手はほとんどいないというんです。そこで、おのずから実力が違ってくるんじゃないかと思います。

しかし、その技術の他に、精神的な面があるんじゃないかとも思われるわけです。たとえば、尾崎将司プロ。ジャンボといわれ、日本ではトッププロでありますけれども、練習も熱心ですし、技術も非常に優れている。然るに外国のツアーに出ていきますと、どうしてもよい成績をあげることができない。先日もマスターズに出て、予選落ちというみじめな状態に終わった。予選落ちというのは、まあ、予選に参加できない選手に比べたら立派なものですが、予選落ちしたということは非常に恥ずかしいことなんですね。屈辱である。せめて予選は通らなければ、参加した意義がない。予選落ちしますと、一銭もギャラをもらえないんですね。プロとして一銭もギャラがもらえないというのは、これ以上の屈辱はない。相当な技術を持っているのですから、練習のときには外国の選手に負けないでやっている。ところが、試合となると、とたんに萎縮してしまうらしい。

よく私もテレビで見ていますけれども、これではだめだな、と思わざるを得ない。というのは、うまくいってるときは、もう本当に乗っちゃってるんです。ところが一つミスすると、もう顔色が変わって、ガクンと肩を落としてしまう。そうかと思うと、またうまくいくとまた乗ってしまう。そういうように気分的で、状態がどうも平静ではない。安定していないんですね。ゴルフというのは、これはメンタルなスポーツだといわれている。心理的なものが非常に影響するという。だから、できるだけ心を動揺させないで、平常心でプレイをしなきゃいかんのです。ところがどうも日本の選手は、それがうまくいかないようです。日本人はテンション民族といわれる。緊張民族。非常にプレッシャーに弱いといわれている。

数年前に、私がテレビを見ていて非常に感動した場面があります。それは全英オープンでのことです。

トム・ワトソンという有名な選手がいます。これはジャック・ニクラウスという、帝王といわれた人のあとに出てきて、新帝王といわれています。今はちょっとふるいませんけれども、非常な名選手です。このトム・ワトソンは、これも超一流の選手である英国のニック・ファルドと優勝を争っていた。そして、大事なパットを入れようとしたんですね。このパットというのはご承知のとおり、非常に集中心を必要とする。集中力が必要である。そして今まさに打とうとしたときに、すぐそばにいた子供が大きな声をあげたんです。ワーッという声をあげた。これは選手にとってたいへん不利益なことで、それでミスして負けたというようなことは、ずいぶん多いんです。

そのとき、トム・ワトソンはどうしたかというと、今まさに打とうとするのをやめて、その子供の方を向いてにっこり笑ったんです。そしてこう言った。

「君はファルドを勝たせたいのかい？」

つまり、場所は英国なんですね。英国のニック・ファルドという選手がトップで、それをワトソンが追っかけている。そしてその子供は英国人ですから、自分の国の選手を勝たせたいと思って味方しているのか、とこういうようにユーモラスに言ったわけです。まわりにいたギャラリーは、ワトソンが怒るだろうと思って、最初顔色が変わっていた。ところが、「君は彼を勝たせたいのかい？　彼に味方するのかい？」とにっこり笑った。それで緊張が解けて、みんなどーっと笑った。

私は実際にテレビでその場面を見ていて、それまでワトソンという選手に別に好悪の感情は持っていなかったけれども、やはり世界の一流選手だな、こういう人柄でなきゃだめなんだな、と思ったのです。これがもし日本の選手だったなら、顔色を変えてどなりつけるか、あるいは睨みつけて、本当に俺は怒ってるんだぞ、というような感情をあらわにしたと思うんです。それをとっさに、「君は彼の味方をするのかい」と、こう言って笑った。そしてギャラリーもどっと笑って、その場が救われたわけですね。

一番それがプラスしたのはトム・ワトソン自身でしょう。それでひとつショックを緩和した。そして彼は、かなり長いパットだったけれども、見事にこれを入れました。もし日本の選手のように、カンカンに怒ってですね、そして緊張していたならば、おそらく外していたろうと思います。なるほど超一流の選手というのは心構えが違うな、と私はそのとき感心して、このトム・ワトソンという選手が非常に好きになった。

彼はインテリで、弁護士の資格を持っている。しかし、弁護士よりもゴルフのほうが稼げるというので、ゴルフに専念しているわけです。やはりそれだけの教養を持ち、心に余裕を持った選手だなと思う。日本のプロは手本にしなきゃいけないでしょう。と同時に、私たちも人生のさまざまな場面で、そうした非常にショッキングな目に遭うことがある。そういうときに自分を忘れないで、自分の全力を出し切るように努めなければいけない。そのように、私はつくづく感じたわけです。

また、最近新聞で読んだプロゴルファーの言葉にも、非常に感心しました。福嶋晃子という若い女子プロがいます。この人は、天才的な人ですね。お父さんが有名なプロ野球の選手で、そのお父さんに十歳のときからしごかれながら、ゴルフをやっていたといいます。

彼女自身の語るところでは、小学四年からゴルフを始めて、それまでやっていた習い事は全部やめたということです。そして中学校では毎朝六時に起きて、近くのゴルフ練習所で一時間半練習してから学校に行っていたという。雨が降っても、雪が降っても、朝六時に起きてゴルフの練習場へ行って、一時間半練習する。それから学校へ行ったという。朝御飯はというと、お弁当とポットに入ったお味噌汁を、その練習場で食べていたといいます。そして学校が終わると、門に母親が待っていて、また一緒にゴルフ練習場に行って、そこでまた四時間ぐらい打ち込んで、家に帰って晩御飯という毎日だったのです。中学時代はずっとこうだったという。

たいへんな猛練習ですね。本人もたいへんな努力ですけれども、両親も並々ならぬ心構えで娘を育てていたと思う。その後、高校に入ってからも、同じような猛練習がずっと続いた。それで、ずいぶん辛いと思ったこともあるけれども、しかしもう日常生活になってしまっていたから、それほど辛いと思わなかったといいます。

彼女は高校時代に、日本アマチュア選手権で三連覇しています。これはたいへんなことですね。三年続けて日本のアマチュア選手権を取ったというのは。しかしそのときに、彼女はこう思っていたという。今でもそう思っているのでしょうが、「他の選手とは練習の質も量も違っているんだから、負けるはずがないんだ。自分はこの人たちに負けるはずのない練習をしてきているんだ。だから勝って当然だ」と。

そこには、余裕もあったし、プライドもあったわけでしょう。負けないだけの練習をしているんだから、勝つのはあたりまえだと。当時の選手は、ゴルフはお嬢さんたちのファッションだというような見方をされていたから、他の選手たちはまあまあ普通の練習しかしていない。しかし自分は違うと。自分はプロを目指して、十歳のときからずーっとやってきて、練習の質も量も違うんだ。負けないだけの練習をしているし、負けない練習をしてるんだ。

これはすごいと思うんだけれども、しかしもっとよいことを彼女は言っているんですね。プロになって、注目をされて、「いいわね、才能あって」なんてうらやましがられますけれども、私は練習量が違うんだからしかたないじゃないかと思っている。素質じゃないんだ、才能じゃないんだと。あなた方と練習量も質も違うんだから、しかたがないじゃないか、あたりまえじゃないか。

「人が眠ってるとき、遊んでいるとき、私はゴルフをやってきたし、これからもやっていきます。差がつくとしたら、練習量しかない」

他の人と差をつけるとするならば、練習量しかないんだと、こう言う。それは勉強でも同じでしょう。他の人と差をつけようと思ったら、勉強の時間を多くするしかない。仕事もそうじゃないでしょうか。人よりよい仕事をしよう、よい業績をあげようと思ったなら、人よりも何倍もの努力をするしかない。人と同じことをやっていたならば、同じ結果しか出ないんだ。差がつくとしたら練習量しかない、とこう言う。この言葉に感心しました。

彼女は二十一歳です。そして去年、トーナメントに一度優勝しています。飛ばす距離がすごい。男子選手に負けないくらい飛ばすというんです。それはどこからきたかというと、もちろん才能素質もあるでしょうが、差をつけようとするならば、練習量しかないんだと。

こういうことも言ってるんです。

「どんな分野でも、目標を立てたら、とことんやるかやらないかだと思います」

これはすごい言葉ですね。二十一歳の女の子が言うのです。目標を立てたならば、やるかやらないかなんだ。やるとしたならば、徹底的にやるしかないんだと。

「目標が見つからない人は、とにかくいろんな分野に手を出してみること。それも努力の一つです」

若い人たちへの教訓ですよ、二十一歳の女の子からの。目標がわからなかったら、なんでもやってみることだ。なんでも手を出してみることだ。そのうちに、これだと思うことがつかめるかもしれない。何もしないで漠然と、何をやればよいかわからないと言っている若者をずいぶん見ますけれども、とにかくなんでもやってみることだと。そのうち目標がつかめたら、そうしたならば、とことんやるかやらないかだと言うのです。すばらしいことだ、と私は思います。

「そしてもう一つ、私が伸びたのは素直だったからじゃないかと思う」

怒られているときは嫌なものだけれども、反省は素直にしていた。このお父さんもお母さんも非常に厳しいらしい。だからうまくいかないとガンガン怒るらしい。で、そのとき、叱られたり、怒られているときはもちろん嫌だけれども、反省は素直にしていましたと。

「素直って、簡単そうでもなかなかできないこと。頑固な信念と同じくらい大事だと思います」

これはすばらしいじゃないですか。素直さということは、その反対の頑固な信念と同じくらい重要だと言うのです。頑固な信念というのは持ちやすいんですよ。頑固になって私はこうするんだと、だれがなんと言ったってこうなんだという、この頑固な信念というのはだれでも持ちやすい。けれども、同時に素直さを持つということはたいへんなことですね。人のアドバイスを聞くという素直さと頑固な信念、これは相反するものですが、どちらも成功するためには必要だと思います。彼女が伸びてきたのは、素直さがあったと同時に、頑固な信念もあったからでしょうね。

ただ、彼女もプロの世界に入ると、アマチュア時代のように練習量も質も違うんだから、というようなことは言っていられない。もっと別な心構えが必要になってくるんじゃないか。もしそれができたならば、彼女は岡本綾子のような世界的な選手になれるだろう。それには、今までと違うもう一つの心構えが必要で、岡本綾子自身が別な新聞にこういうことを言っています。

「焦るな、腐るな、怯《ひる》むな。これが自分のプレイ中のモットーなんです」

ラウンドの途中でかならずこの三つの障害にぶつかるというんです。「焦るな、腐るな、怯むな」。私のようなへたくそなアマチュアのゴルファーでも、年中これにぶつかってますよ。ラウンドの途中、焦らざるを得ない状況になる。それから腐る。続けざまにミスをして腐る。もう、今日は終わりだ、引き上げたいなあ、と思うようなことがある。そのとき腐るなということです。そして、怯むな、と。

大先輩の岡本綾子のいう心構え、「焦るな、腐るな、怯むな」を福嶋晃子プロが身につけたとき、彼女は岡本綾子を越えるような大選手になるでしょう。今までのような心構えで、頑固な信念とその反対の素直さ、いったん決意したならば絶対に曲げないという強い信念、そして人のアドバイスを素直に聞くという心を持つ。その上に立って、ラウンド中に「焦るな、腐るな、怯むな」の心を持ったとき、彼女は大選手になるでしょう。

私たちも同じことではないでしょうか。ゴルフと私たちの分野は違いますけれども、生きていく上で、仕事をなし遂げる上で、負けない練習をしたんだという努力、そして頑固な信念、それに人のアドバイスを素直に聞くといった柔軟な姿勢。その上に立って、「焦るな、腐るな、怯むな」を心の中に繰り返す。そして、さらにいうならば、トム・ワトソンのようにピンチに立ったとき、笑ってそこを切り抜けるユーモアの精神。これがあったならば、どんな人でも、どんな分野でも成功するんじゃないでしょうか。

ゴルフというのは一般の人にとって単なる遊びでしかないけれども、そこで生きていこうというプロの人たちの心構えには、それは厳しいものがあります。それは同時に、私たちに大きな教訓を与えてくれるんじゃないでしょうか。そのように、私は、プロたちの必死に戦う姿を見ながら、時々思うわけです。

私たちもそういう心構えをしっかりと身につけて、がんばりましょう。

そこで、恒例の朔日縁起宝生護摩の合言葉を唱和しましょう。私が先に唱えます。

「さあ、やるぞ。
かならず成功する。
私はとても運がいいのだ。
かならずうまくいく。
絶対に勝つ」

もう一度。

「さあ、やるぞ。
かならず成功する。
私はとても運がいいのだ。

かならずうまくいく。
絶対に勝つ」

では、いってらっしゃい。勝つために。

一九九四年五月（関東別院）

心をすばやく転換させる

皆さん、おはようございます。元気ですか。
うーん、まだ元気が足りない。
元気です。
もう一回、元気です。
そうですね、それでようやく元気らしくなりました。
私たちは、いつでもどこでも、元気いっぱい、元気はつらつとしていなければいけません。昔から偉大な仕事をなし遂げた人、あるいは成功した人は、いつでも元気いっぱい、元気はつらつとして自分の人生を歩んでいきました。彼らといえども、苦しいとき、辛いとき、泣きたいときもあったでありましょうけれども、しかしそれを乗り越えて、元気いっぱい、元気はつらつ、勇気を奮って自分の人生を歩んでいったわけです。だからこそ、彼らは成功したのです。

もし彼らが、何か失意のとき、何か物事がうまくいかなかったとき、挫折したときに、肩をすぼめてうなだれていたならば、彼らは決して成功しなかったでしょう。彼らはいつも勇気を奮って、元気を出し、自分の人生を築いていったわけです。

私たちもそうでなければなりません。人生、いつでもバラ色、というわけにはいかない。苦しいとき辛いとき、これと楽しいときとを比べてみたならば、その比率はいったいどのくらいになるでしょうか。おそらく、苦しいことや辛いことのほうが多かったでしょう。林芙美子という有名な作家は、「苦しきことのみ多かりき」

そういう言葉を残していますね。「花の命は短くて、苦しきことのみ多かりき」しかしながら、苦しいか、苦しくないかは自分の考え方一つじゃないでしょうか。どんなことでも、苦しい、辛いと思いはじめたら、こりゃあ苦しくないことはない。辛くないことはない。

私たちが生きているこの世界を、仏教では「娑婆」といいます。「娑婆」というのは我慢をするということなんです。「娑婆世界」というのは我慢をする世界。我慢をしなければ一時たりとも生きていくことのできない世界なんだ。そういうところへ私たちは生まれ合わせた業を持っている。もし、お互いもっといい徳を持っていたならば、我慢しなくてもいい世界に生まれていたでありましょう。しかしながら、考えてみると、もっともっと悪い世界があるわけです。極楽世界があるかわりに、同時に地獄世界というものもある。地獄に生きるか、極楽に生きるか、それは自分自身の心構え一つじゃないでしょうか。

人間というものは、どんなに変えられない状況にあっても、自分の心だけは変えられる、そういう自由を持っております。もうニッチもサッチもいかない、たとえば牢屋に入れられて、そして自由を奪われて、たった一坪か、一坪半の狭いところに閉じ込められても、自分の心だけはどのようにでも働かせる自由はあるわけです。

私たちは瞑想をいたしますね。瞑想というのはそれなんですよ。この狭い一室に座っていても、心はパリへ飛んでシャンゼリゼの通りでショッピングする、そういう状況を考えることができる。パリが飽きたから今度はロンドンだ、というように自由自在に自分の心を遊ばせることができる。それが人間の特権だと思うんです。他の動物には、そういうことができないのではないか。まあ、動物になったことがないからわからないけれども、たぶんそうだろうと思います。人間だけがそういう特権を持っている。

だから、人間というのは、心の持ち方はどのようにでも持つことができる。そうすることによって、現在の苦しいこと、辛いことを忘れて、そして楽しい人生に向かって歩み出すことができるわけですね。

成功した人たちがどうしていつも元気でいられるんだろうか、ということを考えてみますと、それは彼らが心の転換が非常に速いということなんですね。心をすばやく転換させる。これを彼らは知っているから、どんなに苦しいことがあっても、いつまでもその苦しい中にじっとしていることはない。すぐにこう、心を切り替えてしまう。これが彼らの秘訣だろうと思うんです。

私たちも成功しようと思ったならば、少なくとも自分の人生を楽しいものにしようと思ったならば、いつでも辛いこと、苦しいこと、嫌なことから、パッと心を変換する、そういう術《すべ》を身につけなければいけませんね。

それは決して逃避ではないんです。現実から逃げるんじゃない。現実から逃避することと、未来に夢を持ち、大きな理念を描くということは違うんですね。逃避するというのは夢を持たない、ただそこから逃げて、じめじめした気分に陥るだけ、自己嫌悪に陥るだけなんです。これは自己逃避、現実逃避でしょう。

そうじゃない。いつも自分に自信を持って、明るく未来を考える。そうすると嫌なことや、不幸なことや、あるいは自分が身に持っている負い目、ハンディキャップを克服することができる。人間、心の持ち方一つ、考え方一つでしょう。

有名な発明家のトーマス・エジソンは非常な難聴だったという。彼は子供の頃、汽車に乗って、そして新聞を売るというアルバイトをやっていた。八歳の頃だそうです。彼はその頃からいろいろな実験に凝っていたのです。汽車の中に、小さい部屋であるけれども、新聞売り子の部屋を与えられていた。彼はその部屋にさまざまな実験道具を持ち込んで、子供らしい、いろいろな理科の実験をやっていたんですね。

あるとき、その中の薬品を誤って調合したために、火が出て、火事になりかけた。そこへ、急を聞いた車掌が飛んできて、見るが早いかエジソンを叱りつけて、いきなり横っつらをパーンと叩いた。まあ、走っている汽車が火事になりそうなんですから、車掌としては腹が立つのも無理はない。大人が腹立ち紛れに殴ったわけですから、かなりのショックだったんでしょう。そのために、エジソンは、殴られたほうの鼓膜が破れて、生涯難聴になったという。

彼はそのハンディキャップにずいぶん悩んだらしい。耳がよく聞こえないということは、たいへんなハンディキャップですね。ところがある日、彼は悟ったんです。彼はこう考えた。自分は幸せ者だ。なぜならば、自分の聞きたいことだけが聞ける。嫌なことは聞かないですむ。こう悟ったんですね。それ以来、彼は耳の聞こえないのを気にしなくなった。本当に心の底から、自分は幸せだと感じるようになったらしい。

私たちは、余計な雑音ばかり耳に入って、本当に自分のプラスになることばかりを聞くわけにはいかない。むしろ嫌なことや、元気を失うようなことのほうが多いんじゃないでしょうか。正しいことを聞くよりも、嫌なことを聞いて、落ち込んでしまったりする。そのほうが多いんじゃないか。そう考えれば自分は幸せだ、自分の聞きたいことだけを聞くことができる。エジソンはこう思って、それ以来、耳が不自由であることを気にしなくなったという。心の持ち方一つですよね。

私たちも、なにかしらハンディキャップを背負っている。自分はこうだから人より劣っている。自分はこうだから、ああだからと、そういう劣等感に悩まされるようなものを、人間はたいてい一つや二つは持っていると思うんです。なかにはそれほど気にしなくてもいいのに、自分自身で劣等感を感じて落ち込んでいる人のほうが多いんじゃないかと、そう私は思う。

いろいろな人たちの悩みを聞きますと、私から見るとそんなものはちっとも悩みなんかじゃないのです。もっともっとひどいことで悩んでいる人はたくさんいるのに、なんでこの人はくよくよ思いわずらっているんだろうか、そう思うことがずいぶんあります。時には自分で短所や欠点だと思っていることを、工夫しだいでむしろ長所にできるんじゃないだろうか。それをまず考えたらどうか。自分はこういう欠点があるけれども、少なくともこれを気にしないですむような、そういったものにすることはできないものだろうかと思います。

昔、マルクス兄弟という喜劇役者がいました。三人の兄弟で、突拍子もない扮装をして、走りまわって笑いをとる、有能な喜劇役者がいた。その中のハーポ・マルクスというのが、全然セリフを喋らないんですね。彼は小さなハープを持っていて、自分が言おうとするセリフ、それをハープをパラランと鳴らすことによって、まるで自分が喋っているように感情をあらわす。滑稽な、あるいは真面目な、さまざまなニュアンスを、ハープをパラランと鳴らすことによって実に巧みに表現して、人気を博したんです。

なぜそうしたかというと、彼は非常ながらがら声であって、とても人前で喋れるような声じゃない、悪声だったというんです。それで、セリフを喋らない工夫をしたわけですね。しかしながら、セリフを喋らないっていうわけにはいかない。映画に出たり、芝居に出たりするわけですから。そこで、自分が喋らなきゃならないセリフのニュアンスを、小さな特製のハープをパラランとこう鳴らすと、それがまた実にですね、メロディーっていうほどじゃないんだけれど、そのときの気分にマッチした音を出す。それで、一世を風靡した。自分の欠点を逆手にとって、そうしてすばらしい芸を生んだという。

これは、嫌なことを聞かないで自分の聞きたいことだけを聞く自由がある、そう発想転換して、難聴を気にしなくなったというエジソン以上のすばらしい考えだし、生き方だと思いますね。

私もかつて若い頃、いくつかの欠点を考えて落ち込んだことがずいぶんあります。しかしながら、それらを一つ一つ私は克服してきた。なかにはそれを長所にするという努力をして、一応その短所を克服して今日あるわけですね。つまらないことにくよくよしないで、われわれは胸を張って、目を高く元気いっぱい歩んでいかなけりゃいけない、そう思います。

アメリカの海兵隊は、帽子を深くグッとかぶる、新兵になりますとね。どうしてアメリカの海兵隊は帽子を目深《ま》くかぶらせられるのかと聞いてみたことがあります。帽子を目深くかぶってひさしが前に出ると、顎を上げなければ前が見えない。

ことに上を見るときには顎をぐっと上げる。そうしないと帽子のひさしが深くなってますから、普通の姿勢では歩くことができない。だから嫌でも顎を上げて、胸を張って向こうを見る。そのために、アメリカの海兵隊は帽子を目深くかぶらせられるという。

時にはあなた方も、アメリカの海兵隊の帽子を借りて、目深くかぶらなきゃいけないことがあるんじゃないんですか。うなだれて、顎を引いてとぼとぼと歩くようでは人間よい知恵は出ない。知恵が出ても、実行する力が出てこない。元気というものは、自分の姿勢から出てくる。それがアメリカの海兵隊を創始した、偉い将軍たちの考えでしょう。顎を上げて、高いところを見て堂々と歩くと、自分の精神が高揚してくるという。下を向くと、どんどん落ち込んでいくわけです。

ですからわれわれも、落ち込んだ気分になったときは、アメリカの海兵隊の帽子を借りましょう。しかし現実には借りられませんから空想で、瞑想で、海兵隊の帽子を借りて目深くかぶって、胸を張って顎を上げて、高く目を上げて、元気いっぱい歩むことにしましょう。そうすれば、かならず成功への道を歩むことができるのです。

今日もひとつ、朔日縁起宝生護摩の合言葉を唱えて、元気いっぱい今月の一日を始めましょう。私が先導します。

「さあ、やるぞ。
かならず成功する。
私はとても運がいいのだ。
かならずうまくいく。
絶対に勝つ」

もう一回。

「さあ、やるぞ。
かならず成功する。
私はとても運がいいのだ。
かならずうまくいく。
絶対に勝つ」

では、いってらっしゃい。勝つために。

一九九四年六月（関東別院）

自分自身に武器を持つ

皆さん、おはようございます。元気ですか。
うーん、ちょっと元気が足りない。
もう一度、元気です。
もう一度、元気です。
そうですね、それでようやく目が覚めたようですね。
人間は、いつでもどこでも、元気いっぱい、元気はつらつとしていなければいけません。昔から成功した人、偉大な仕事をなし遂げた人は、どんなに辛いことがあっても、どんなに苦しいことがあっても、いつでも元気を忘れず、勇気を奮って、元気いっぱい自分の人生を歩んでいきました。だからこそ、彼らは偉大な仕事をなし遂げ、あるいは成功したわけですね。人間元気を失ったならば、いい知恵が出てきません。意気阻喪といって、もう、肩をすぼめてしょぼしょぼ歩くようでは、決していい知恵は出てきません。

最近は非常な円高ですし、各企業もリストラということで、新卒の諸君も、なかなか就職が思うようにならないで苦しんでいるようですね。しかし私から見ますと、本当の就職難というのは、昭和の初期にあったんです。

そのときは、大学を卒業した人たちがほとんど就職できないで、社会救済事業というような、政府の救済事業の一環として、どぶ掃除や道路掃除をやったものです。他に就職することができませんから、政府が救済事業として、道路工事などを出した。時にはその工事もろくにないので、しょうがないから一日二時間くらい、どぶ掃除をして、日当をもらった。政府の救済事業ですから、強いて仕事をつくって働かせたわけです。

さすがに大学を卒業した諸君ですから、それがどぶ掃除というのではプライドが傷つけられる。そこで、みんな角帽をかぶって、どぶ掃除をやったものです。私はただのどぶ掃除じゃないんだぞ、これでも大学を卒業してるんだというプライドを角帽に示して、そして泥だらけになってどぶ掃除をした。そういう時代があったわけです。非常な不景気で、結局それが日中戦争、その他の戦争につながっていった。

昭和初期の不景気というものはたいへんなものでした。それに比べれば、今はまだいいんじゃないか。これから新しい事業が始まって、雇用も拡大されるんじゃないか、景気も浮上するんじゃないか、そういう見通しがまだまだある。昭和初期は、それがなかったんです。

今はまだ、新卒の諸君が企業を選んだり、職種を選んだりする余裕がいくらかあるのではないでしょうか。名の通った企業でなきゃだめだとか、丸の内でなけりゃ嫌だとか、あるいは、中小企業でもいいんだ、そこへ入って自分の思う存分の力を発揮してみたいとか。大企業に入ってしまったら、なかなか一人一人の労力なんてものは認められにくい。中小企業だったらば、一生懸命努力していれば認められることも早いわけですね。今、大企業といったって、来年どうなるかわからない時代です。そのかわり、中小企業といっても、来年どれだけ飛躍できるかはわからない。そういったことを考えれば、まだまだ前途に希望があるんじゃないか、そのように私は思います。

求職ということになりますと、私は子供の頃に読んだエピソードをいくつか思い出すんです。子供の頃読んだものですから、時代が違うし、今の時代にあてはまるかどうかわからない。しかしその中に、いくらか教訓を含んでいるのではないだろうか、そう思って時々、思い出すのです。

アメリカの、やはり失業者が多くて就職難の時代のことです。

ある大きな会社で、メッセンジャーボーイのような役目の子供を募集しました。ある少年が時間少し前に行ったところ、もう百人以上並んでいる。そこで少年は、列の一番最後についたわけです。するとその少年は何を思ったか、紙にスラスラと何か書いて、受付のところに持っていった。そして、これを係の人に見せてくださいと言う。就職係の人がその紙を見ると、「列の一番後ろにいる赤毛の少年に会うまでは採用を決定しないでください」とこう書いてあったというんですね。それで、最後に採用されたのは、この少年だったというんです。

これは私はアイディアだと思うんですね。努力というよりもアイディアでしょう。だれだって、百人も並んでいるその最後尾の赤毛の少年がやってきて、自分に会うまでは採用を決定しないでくださいなんていうことを書いて出したのには、注目せざるを得ないんじゃないですか。やはり興味を持ちますよ。この子はどういう子なんだろうかと。結局、ユニークなアイディアが勝ったということではないでしょうか。そしてこの少年はやはり、名前は今、ちょっと失念しましたけれども、アメリカで有名な大企業の社長になっています。「梅檀は双葉より芳《かんば》し」というけれども、やはり子供のときから努力、あるいはアイディアで勝負する、そういう精神をアメリカの子供たちは持っていたわけでしょう。

もう一つ私が就職について思い出すのは、二十歳代の青年の話で、その当時もアメリカは就職難でした。ほうぼうに履歴書を出し、ほうぼうに頼み込んでも、なかなか面接しようという会社がない。いらいらして待っているうちに、一社から、翌日の朝来るようにという通知が来た。彼は喜び勇んで、ぜひこの面接試験に合格しなければと思って、時間前に身支度を始めた。

ところが緊張し、急ぎすぎたせいか、髭を剃っているうちに、顔中に傷をつくってしまったんですね。焦れば焦るほどあちこちに傷をつけてしまって、血だらけになってしまった。これじゃとても大事な就職試験に出られない。泣く泣く彼はあきらめたわけです。

今の私たちには安全剃刀というものがあって、いとも簡単に剃ってしまいます。しかし、私が髭を剃りはじめた当時は、安全剃刀というのはあまり安全じゃなかったし、その刃をはさんで止める、そのネジの締め具合が難しかった。うんと締めつけるとなかなか切れないし、緩くすると肌を切りますしね。だから私は、普通の日本剃刀で一生懸命練習して剃ったんだけれども、難しいんですよ、床屋さんじゃないんだから。まして今から数十年前のことですから、血だらけになってしまったというのはよくわかる。

彼は、それでなかなか就職ができなかった。そこで彼は考えたんですね。自分と同じような不幸な目に遭う人がたくさんいるにちがいない。どんなに急いでいるときでも、不器用な人間でも、顔に傷をつけないような、本当の安全剃刀というものを考えてみよう。就職するよりも、自分はこれを発明しよう。これは多くの人たちを救うことになるし、いい仕事になるんじゃないか。そう思って、彼は安全剃刀の工夫にとりかかったんです。

調べてみますと、それまでにも、安全剃刀らしいものはあったようです。十八世紀頃から、普通の剃刀は危険だし傷だらけになってしまうので、いろいろ工夫を凝らしてきたけれども、やはり不完全だったわけです。この青年も失敗に失敗を重ねて、何度かあきらめようと思った。とてもこれはできるもんじゃない、そう思って何度かあきらめかけたけれども、とうとう十何年かかってつくりあげた。これが今の安全剃刀の原型で、ほぼ完全な製品とみなされたわけです。そして売り出して三年目か四年目に、年間一二四〇万枚売ったというのです。大ベストセラーですね。

この青年の名前はジレットという。ジレットという名には、年輩の方たちだけでなく、もっと若い人たちでも、記憶があると思います。昔は安全剃刀の代名詞がジレットだった。そのくらい彼は有名になって、巨万の富を積んだわけです。そこに至るまで十何年間、何回か失敗をし、そして生活にも困った、そういう不屈の記録が残っております。

私は、少年時代に読んだこれらの話がいつも脳裏に残っています。誠実、努力、アイディア、そして失敗にめげずに持続する。これがやはり、私たちの成功の一番の条件じゃないだろうかと思います。

私たちが人生に立って、社会と戦い、社会で成功するためには、なんらかの武器がなければならないと思うのです。なんらかの武器を持たなければいけない。それは健康であり、誠実さであり、努力であり、そしてさまざまなアイディアを生み出す工夫、これが社会に立って、成功する武器だろうと思う。普通の人たちを見ていますと、そういったことを考えないで、ただがむしゃらに努力すればいいといっている。努力は大切です。しかしながら、一つの目標を定めて、誠実に努力を重ねていく。さらにはアイディアを、ユニークなアイディアを考え出す。そういうことが、私たちが社会で成功する一番の条件じゃないでしょうか。そして、そういった武器を持ったとき、どんなに世の中が就職難であろうと、かならずいいところへ就職することができるし、どんなところへ就職しても、かならず「一頭地を抜く」人間になれると思うんですね。

今、一番円高であり、政界も混乱しておりますから、非常にやりにくい時期ではあります。しかし私は、今年いっぱいで、こういう混乱も切り抜けることができると思う。今の政界の混乱というのは、はるか以前の敗戦の最後のねじれがここに出てきてると思うのです。ただ単に政治が混乱しているわけじゃない、これは戦争の名残なのだと。そのねじれが、今ここで解決されようとしている。そのように私は思います。だから、この混乱は必要でありますし、やがてそこから抜け出るだろう。しかしながら、もう一度大変動がくるのはやむを得ないでしょうね。

子供心にたいへんな不景気なんだなあと感じた、昭和初期の不景気時代の就職難に比べて、今はまだまだ余裕があるんです。まだまだ日本には将来性がある。決して今の悪条件にめげずにがんばって、明るい人生をつかむようにしていただきたい。そのためには、何よりも元気を出して、勇気を奮って、現実を克服する。それが大事だと思います。

そこで、阿含宗朔日縁起宝生護摩の恒例の合言葉を唱和いたしましょう。私が先導します。

「さあ、やるぞ。
かならず成功する。
私はとても運がいいのだ。
かならずうまくいく。
絶対に勝つ」

もう一回。

「さあ、やるぞ。
かならず成功する。
私はとても運がいいのだ。

かならずうまくいく。
絶対に勝つ」

では、いってらっしゃい。勝つために。

一九九四年七月（関東別院）

トラブルを歓迎する

皆さん、おはようございます。元気ですか。

元気が足りない。もう一度、元気です。

もう一回、元気です。

そう、それでいいですねえ。それで本物の元気らしくなった。

人間は、いつでもどこでも、元気いっぱい、元気はつらつとしていなければいけません。どんなに苦しいことがあっても、どんなに困ったことが起きても、いつでも元気いっぱい、元気はつらつとしていなければいけない。

昔から成功した人、あるいは偉大な仕事をなし遂げた人は、どんなに苦しいときでも、いつでも勇気を奮い起こして、元気いっぱい自分の人生を歩んでいきました。だからこそ、彼らは成功したわけです。私たちも、人生いつもバラ色というわけにはいかない。むしろ苦しいときのほうが多いんです。そういうときに肩をすぼめて、しょぼしょぼ歩いているようでは、決して充実した人生を持つことはできません。どんなに苦しいことがあっても、笑顔を浮かべて、そうして勇気を奮い起こして自分の人生を歩んでいく、そうでなければいけません。

最近、ある雑誌を読みまして、感銘を受けました。『日経ビジネス』の六月二十七日号の巻頭に、「学歴なくとも実績で示す」という題で談話が載っていました。この談話を読んで、私は日本にもこんなに偉い人がいたのか、そうつくづく思って、深い感動を覚えたのです。そのお話を今日はご紹介しましょう。

この人は小松茂美さんという、まあ、女性のようなお名前ですけれども、非常に強い意志を持った方です。古筆学研究所長という肩書きですが、古筆学という学問があるとは、私はこれまで知らなかった。知らないのも道理で、この古筆学というのは、この小松茂美さんが初めて打ち立てた学問なんです。それまではなかった。

古筆学というのは、古い掛け軸とか、絵巻などに古人が書いている文字の内容を系統的に分類して、研究する学問です。そういいますと、これはたいへんな業績ですから、どういう方だろうか、東大を出たのか、京大を出たのか、そのように思いますけれども、そうじゃない。旧制中学を出ただけで、一つの学問の領域をつくりあげた。これはたいへんな、考えられないようなことですね。

この方が、どういうことをおっしゃっているかというと、終戦を前に、健康上の理由で軍隊を除隊になって、博多から広島に戻った。そこで原爆に遭った。爆心地から一・七キロメートルほど離れたところで、原爆に遭って、潰れた家の下敷きになった。そして、辛うじて助け出されたけれども、高熱が続いた。原爆症です。五カ月間入院をした。退院後、元の職場に復帰したけれども、やることがない。しょうがないから広島駅前の闇市場をブラブラ毎日歩いて、見てまわっていた。するると、あるところで、本屋さんが、まあ露店ですけれども、何冊かの本を広げて売っていた。なにげなしに寄ってみると、そこに池田亀鑑という学者の書いた文字の研究の本があった。それは紀貫之の『土佐日記』を研究した、非常に分厚い本だったというんです。小松さんは軍隊へ入る前、体が弱かった。ところが軍隊では、文字が上手だと軍事教練のほうが免除され、毎日事務方で文字を書かされる。まあ、楽ができるというんで、書道を一生懸命習ったわけですね。一生懸命習ったといっても、まあ、半年か一年でしょう。それでいくらか文字に対する興味があった。そこで池田亀鑑博士の、その本を買ったのです。

もう表紙がボロボロになって、水ぶくれしていたというから、消火作業かなんかで、水浸しになっていたんでしょうね。それをなけなしの金をはたいて買った。四、五カ月これを読んでいるうちに、古い文字に対する興味が非常に湧いてきたわけです。これはおもしろい、そう思って一生懸命読んでいるうちに、もう少し研究してみたい、とこう思い立った。そこで、彼はこういうことを言っているのです。

「この本がきっかけで、のちに、私が一つの学問領域として築いた古筆学に人生を捧げるとは、夢にも思いませんでした」

まだ二十歳代のごく若い青年で、習字を少し習ったという程度の旧制中学を出たばかりの若者ですから、まさかそういう方面で、古筆学という一つの学問の領域を築くことなど思いもよらなかった。しかし、非常に興味をそそられたので、矢も盾もたまらず、この池田亀鑑博士を頼って上京した。そして、昼は運輸省の自動車局で働き、夜は池田博士宅に通う日々が始まった。いよいよその熱が高まってきた。それで、昼休みも東京上野の東京国立博物館に通った。研究熱はさらに高まって、知人を通じて、東京国立博物館の職員にしてもらえるように、一生懸命頼み込んだというんですね。

「私は旧制中学しか出ていません。中学を出るとすぐに国鉄職員になった身です。東京帝国大学出身者でもなかなか採用してもらえない、そういう国立博物館ですから、何度も断られた。絶対だめですと断られたけれども、あきらめず、ぜひお願いしたいということで、ようやく採用された。それで、国立博物館に所蔵されている古い文字を、これから時間のかぎり見ることができる。そう思って、喜び勇んだわけですけれども、実は苦闘の日々は、博物館に入ってから始まったんです」

上司には池田博士のところに通うのを嫉妬されて、「池田とは手を切れ、さもなくば博物館を辞めてもらう」と迫られて、泣く泣く池田博士のところに通うのをやめざるを得なかった。あるとき、博物館に来ていた女子学生が巻物の文字を苦もなく読んでいるのを見て、焦りさえ感じたというんですね。しかし、だれも何も教えてくれない。

「学歴というものは重いものです。中学しか出ないで学問を志した私は、どこの学閥にも入れず、博物館でも孤立していました。だれも親切に教えてくれることもなく、手探りで勉強するしかありませんでした」

博物館には入ったけれども、だれも親切には教えてくれない。手探りで、自分一人で勉強するしかない。しかし、彼はコツコツコツコツと勉強して、幸い四十一歳のときに、日本学士院賞を受賞することができました。これはすごいことですね。四十一歳の若さで、学士院賞を受賞したというんですから、いかにすばらしい業績をあげたかが、これだけでわかると思うんです。彼がこの古筆学を志してから、古筆学といっても彼が始めた学問ですからね、彼が古い文字の研究を始めて二十年たったかどうか、二十年もたっていないんじゃないでしょうか、十数年でしょう。それで日本学士院賞を受賞したということは、これは考えられないほどのことなんですね。東大、京大その他の一流の国立大学を出た学者でさえも、なかなか取れない賞です。それを四十一歳の若さで取ってしまった。しかも、先輩の教授とか助教授が指導してくれたわけじゃない、自分一人で、何もかも手探りで始めたということです。

そして、昨年、古い書籍の断片である、古筆切《こひつぎれ》を集めて体系化した『古筆学大成』三十巻を完成させました。これはすばらしい業績です。あるいは、考えてみると、自分が始めた学問だから、ある程度苦労したけれど、有利でもあったと思うんです。先輩がいたならば、先輩を押し退けて新しい業績をつくっても、先輩の教授に業績を取られてしまう、研究発表はみんな教授がしてしまう、というようなことがよくあるわけですね。けれども自分一人でやっている学問ですから、だれにも先取りされることもないし、いろいろ意地悪はされたでしょうが、自分の実力で勝ち取ることができたわけでしょう。彼はこう言っています。

「学歴がなくても、地位がなくても、どれだけの仕事をしたかの実績で自分の力を示してみよう。認めないのならば、認めざるを得ない領域まで究めてみせようとの執念、意地の一徹さで、ここまでやってきたつもりです」

本当に執念と意地、根性で仕上げたということがよくわかりますね。私とよく似たところがありますけれども、よく似ていて正反対のことが起きてるんです。

どういうことかというと、小松さんは、自分が師事していた池田亀鑑博士と縁を切れと迫られた。池田博士と縁を切らなければ博物館を辞めてもらうぞ、こう言われて泣く泣く縁を切ったという。私には正反対のことが起きているのです。どういうことかというと、私がいろいろ教えていただいた、小田慈舟大僧正、この方が仁和寺の門跡になられたときに、私に反感を持っている真言宗の坊さんたちが小田慈舟門跡のところへ行って、「桐山靖雄と縁を切れ」とこう迫ったんです。縁を切らなければ、いろいろ邪魔をして門跡を辞めさせるぞ、といわんばかりの態度をとったわけです。それで小田慈舟先生もやむを得ず、私と縁を切らざるを得なくなった。私はその話を人づてに聞いて、これはいっさい出入りしてはいけない、そう思って、それからはお伺いすることはなくなった。ちょうど反対ですね。小松さんは、師匠と縁を切れと言われた。私は、私の先生が、弟子である桐山靖雄と縁を切れと迫られた。

世の中には本当に意地の悪い、そういう人間がたくさんいて、そして少しでも何かよい仕事らしいものをしはじめると、邪魔をして、だめにしてしまおうとする。そういう人間ばかりではないけれども、よい仕事をすればするほど、そういう人間があらわれてくるというのが、世の中の常でしょう。私たちはその覚悟をして、努力をしていかなければいけないと思います。

努力さえすれば道は開ける、これは甘過ぎるんです。努力をしてなんらかの業績をあげはじめると、これを妬んで邪魔をしてくるという人間がかならず出てくる。だから邪魔をする人間が出てきても、驚くことはない。やっぱり出てきたか、それだけ俺の仕事がいい仕事なんだな、それだけ業績をあげてるんだと、かえって自信を持てばいい。こんなに邪魔をされたといって、落ち込んだりすることはない。逆に自分はいい仕事をしているからこそ妬まれるんだと、そう思って、この小松さんの言うとおり、認めないのならば、認めざるを得ないところまで、よい仕事をしてみせようということです。

私もそうでした。いろいろ悪口や中傷をされても、悪口や中傷のできないところまで私が上がってしまえばいいじゃないか。中途半端でいるから、いろいろ邪魔をされたり、悪口を言われるんだ。そう私は思って、批判されたり、悪口を書かれたりしたときに、すぐに本を書いた。だから、私は四十冊を越える本を持っていますけれども、しかしこれは悪口を言われたり、邪魔をされたおかげなんだと思います。そのときに私は落ち込まないで、逆に奮い立って、よしそれならば中傷できないところまで俺はよい仕事をしてみせるぞ、そう思った。やはり、そういう意地を張ったところがよかったんでしょうね。だから痩せ我慢でもなんでもいい、逆境に絶対負けないように、逆境であればあるほど、それだけ自分は世間に認められつつあるんだ、そう思って勇気を奮い起こすべきでしょう。

こういうまったく学歴のない方が、学問の世界で一つの領域を完成したということはたいへんなことでありますが、さらに考えてみますと、高い学歴を持ちながら、あまり大した仕事をしていない人がいるというのはどういうことなんでしょうか。高い学歴を持っているんだから、学歴のない人よりもいい仕事ができるはずなんだけれども、それができないというのは、根性も足りないし、努力も足りないからだと思うんです。この学歴のない人がこれだけの仕事をして、これだけの実績をあげている。それと同じ努力を重ねたならば、もっともっとすばらしい学問を、すばらしい業績をあげることができるんじゃないか。要は自分の努力である。執念である。根性である。私は小松さんの談話を読んで、つくづくそう感じました。お互い非常に参考になると思いますね。

皆さんの中にも今、逆境にある人がいるかもしれない。いろいろなトラブルに見舞われて、落ち込んでいる人がいるかもしれない。そこで勇気を奮い起こさなければいけない。

二、三日前に、原田進監督がつくった番組がテレビで放映されたのを見ました。これは、「さよなら、さよなら」でおなじみの淀川長治さんの生涯を描いたものです。その作品を見て、私は感動しました。淀川さんというのは若いときから好きな映画の世界でずーっと暮らしてきて、八十五歳ですが、いまだに現役で、本当に幸せな人生を送った人なんだなと、そう思っていました。しかしそうじゃなく、いくつかのトラブルに見舞われて、ずいぶん苦労しているようです。

その作品で私が感動したのは、淀川さんがこういうことを言ってるんです。「ウェルカム・トラブル」だ。トラブルを歓迎するんだ、と。「ウェルカム・トラブル」。すばらしい言葉だと思うんですね。私たちはトラブルがあると、逃げようとする。しかし淀川さんは、ウェルカムなんだと。いらっしゃい、いらっしゃい、歓迎するぞ、と。そのトラブルを越えることによって、彼は大きく成長していったんだろうと思うのです。

小松さんにしても、淀川さんにしても、やはり世に立って一流の仕事をなしとげた人というのはみな、苦労を乗り越え、トラブルを乗り越え、勇気を奮って自分の人生を歩んでいった人たちなんだなあ、そういうことをつくづく感じますね。

私たちも常に元気いっぱい、元気はつらつと自分の人生を歩むことにいたしましょう。そこで恒例の、阿含宗朔日縁起宝生護摩の合言葉を唱えましょう。私が先導します。

「さあ、やるぞ。
かならず成功する。
私はとても運がいいのだ。
かならずうまくいく。
絶対に勝つ」

もう一回。

「さあ、やるぞ。
かならず成功する。
私はとても運がいいのだ。
かならずうまくいく。
絶対に勝つ」

では、いってらっしゃい。勝つために。

一九九四年八月（関西総本部）

懸命に努力したあとには大きな喜びがある

皆さん、おはようございます。元気ですか。
うーん、まだ本当の元気ではないね。
もう一回、元気です。
もう一回、元気です。
そうですね。それでようやく、本当の元気らしくなりました。
私たちは、いつでもどこでも、元気いっぱい、元気はつらつとしていなければいけません。どんなに苦しいことがあっても、辛いことがあっても、元気だけは忘れてはいけない。昔から偉大な仕事をなし遂げた人、あるいは成功をした人は、どんなに苦しいときでも、どんなに辛いときでも、元気いっぱい、元気はつらつとして自分の人生を歩んでいきました。だからこそ、彼らは成功者となり、偉大なる仕事をなし遂げたわけです。私たちも、泣きたいようなときでも、どんなに辛いときでも、微笑みを忘れずに、元気いっぱい自分の人生と取り組んでいかなければならない。そう思います。

世の中にはさまざまな不幸や不運を背負っていながら、それに負けず、勇気を奮って自分の人生を築いていった人が何人もおります。

先日夜遅く、ふとテレビをつけますと、和波孝禧《たかよし》さんという音楽家が、築紫哲也さんと対談しておりました。私は音楽が好きなほうですけれども、こういうすばらしい音楽家が日本にいたということを、たいへん恥ずかしいことでありますけれども、知りませんでした。有名なバイオリニストです。

一九四五年、東京生まれということですから、本年四十九歳でしょう。この方は全盲なんです。全然目が見えない。生まれついての全盲。それが非常な努力をして、世界的なバイオリニストになった。その対談を聞いていて、私が胸を打たれたのはこういう一言だったのです。筑紫哲也さんが、

「あなたは目が見えないので不幸だと思ったことがおありですか」

と、こう聞いた。

これはだれでも聞きたいことですね。すると和波さんはこう答えた。

「いいえ、全然目が見えなくて不幸だと思ったことはありません。むしろ耳が全然聞こえないとか、あるいは全然歩けないとか、その他の身体障害を受けたほうが私は不幸だったと思う。そうでなかったことを私は感謝している。だから目が見えないことを全然不幸だとは思わなかった。今もそう思っていない」

私はこれを聞きまして、この人が全盲という障害を乗り越えて、世界的なバイオリニストになったその業績はすばらしいものでありますけれども、この一言のほう

に胸を打たれました。どんなにか辛いことだったろうと思うんですね。

今、私が目が全然見えなくなったとしたら、絶望のあまり死を覚悟するかもしれない。自殺しようと思うかもしれない。それをこの人は、全然不幸だとは思わないと、実に淡々と話しておられる。私は今、本を書いていて非常に忙しいので、最初はすぐにテレビを消して原稿用紙に向かおうと思っていた。けれども、その一言を聞いて、いや、この人の言葉は聞かなければいけない、そう思って、その後数十分テレビに見入ったわけです。そしてこの人のさまざまな業績、それに伴う努力、困難を聞きまして、私はつくづく五体満足でこうして生活している幸せというものを感じたわけです。

私たちはともすると、目先の不幸、不運、辛いことに負けそうになって、自分ほど不幸な者はない、世の中で自分が一番不幸なんじゃないか、というように考えてしまいやすい。けれども、世の中にはこういう人たちもいるんだということを考えまして、本当に感動したわけです。

和波さんは四歳からバイオリンを始め、そして一九五八年に十三歳で全日本学生音楽コンクール、中学の部第一位に入選して、たちまち天才少年と騒がれた。辻吉之助さんや江藤俊哉さんといった有名なバイオリニストに師事をして、ぐんぐんその才能が開いていったわけです。その後、ヨーロッパのいくつかの国際コンクールで入賞し、シゲティとかオイストラフ、ロレンツィなどの世界的な指導者について、めきめき腕を上げていった。そして内外の主要オーケストラと協演したり、七一年、七八年、八三年には文化庁芸術祭の最優秀賞を受け、八七年には、知覚障害を克服して顕著な社会活動をしたということで、内閣総理大臣から表彰された。現在は東京とロンドンを拠点に、多彩な演奏活動をしている。まさに世界的なバイオリニストですね。

そこで、さっそく私はこの人が書いたという本『音楽からの贈り物』を取り寄せまして、読んでみた。すばらしい努力と、業績が書かれておりますけれども、それが決して気負ってはいない。淡々として、普通の人が普通の人生を語るようなタッチで書いているわけです。本当に感動しました。

一九五六年四月、彼は六年生に進級した。そして今度は普通の人たちの間に混じって、学生音楽コンクールの、小学生の部に出たわけです。そのときの体験をこう書いている。

コンクール前日の朝、彼の先生から、もう練習しないでいい、とこう言い渡された。なぜ、練習してはいけないと言われたかというと、おそらく練習しすぎて演奏が崩れることを恐れられたのだろうと。そこで、ごく軽い指ならしくらいしかしないで舞台に立った。しかし十一歳の子供にとっては、なんといいますか、練習をしないということが、気持ちの上で負担になったわけですね。とはいえ十一歳の子供にとって、先生の言葉というのは絶対ですから、そこで先生の言葉を信じて舞台に立った。しかしこれは失敗だったということを、彼は書いているんです。

母に連れられてステージに歩みを進めた。「これで正面を向いているのよ」と、母は自分と組んだ手を少し強めてそう合図すると、手を離した。おじぎをしてから、先生に言われたとおり、左四五度に向きを変えて弾きはじめた。ところがである。二つ目の音を弾く上げ弓がそれて、音がかすれてしまった。力が入りすぎた結果である。しまった、と思った瞬間、私は弾くのをやめていた。そしてすぐ、最初の音から弾き直しはじめた。他の人たちとは違う、テンポの遅い重めのガボットである。弾いていて、私は曲が恐ろしく長いものに思えた。客席がなんとなくざわついている。私の演奏に興味を失った聴衆の心が、しだいに離れていくように感じられた。ささやかな拍手を受けて袖に下がったとき、「落ちたな」と直感した。

やはり私は落選した。十一月に行われる本選に進むことができなかったのだ。みじめな敗北である。母はよほどショックだったのだろう。家へ帰るなり、布団をかぶって寝てしまった。私はいつものとおり、遊んだり勉強したりしていたが、なんともいえず寂しかった。翌日登校すると、聞きに来ておられた音楽の先生が、「ほんのわずかの差だったと思うよ」と慰めてくれた。だがそんなことはなかった。あとで、毎日新聞社事業部の野村光一先生がそっと洩らしてくださったところによると、私に丸をつけた審査員はただの一人もいなかったのである。見事な0点であった。

盲学生のコンクールでは前例のない特賞を得たのに、一般の児童に混じって競争してみれば0点で、すごすご引き下がらねばならぬ結果となった。思えばまことに恥ずかしい経験だが、実はこの出来事が、今の私の支えになっているのだ。小学生や中学生を対象にしたコンサートで、私は時折このコンクールの体験を話す。「一度や二度失敗したからといっても、あきらめるということはありません。本当に自分の好きなことなら、何度でも挑戦してください。何かうまくいく方法がないか、まわりの人に相談し、自分でも工夫してみてください。勉強でも、スポーツでも、音楽でも、なんでもみな同じことです。あきらめることはいつでもできますが、懸命に努力したあとにはきっと大きな喜びが待っていると思います」

そして今、自分は一応成功はしているけれども、あのコンクールのどん底から這い上がったエネルギーと幸運が残っているかぎり、さまざまな苦労が待ちかまえていても、自分は克服できるはずだ。あのときの出来事、0点で落ちたというあのときのみじめな気持ちから這い上がった。その自分を考えると、これからどんなことがあっても自分は克服できる、そういう自信が湧いてくるんだということを書いています。

彼は小学六年生でこのコンクールには落ちたけれども、翌年の中学生の部で一躍一位となって、天才少年としていっぺんに名前が知れ渡った。どんな天才でも、どんな人でも、失敗はかならずあるわけです。一度も失敗しないで成功したなんて人は、どこにもいないんですね。音楽関係ですから、ベートーベンの言葉を引きますと、こういうことをベートーベンは言っているんです。

「優れた人間の大きな特徴は、不幸で苦しい境遇にじっと堪え忍ぶことだ」

優れた人間の大きな特徴は、不幸で苦しい境遇にじっと我慢することなんだ。堪え忍ぶことなんだ。そしてただ堪え忍ぶだけじゃなくて、人の何倍も、何倍も努力をするということ。

手が不自由であった有名な野口英世医学博士がこういうことを言っています。

「だれよりも三倍、四倍、五倍勉強する者、それが天才というものだ」

何もしないでいる天才というのはいないんですね。天分をもって生まれても、三倍も、四倍も、五倍も努力してこそ、その天分が表に出てくるのであって、努力しない天才なんて一人もいない。その天才でさえも、何度も何度も失敗をしてみじめな気持ちを味わう。彼らの偉大なところはそのまま引き下がっていなかったということですね。失敗を心の糧にしてそこから這い上がっていく。この優れたバイオリニストである和波さんもそうですね。

小学六年生の子供がそういうみじめな思いをしながら、そこから這い上がってきて、それが四十九歳になる今でも、あのどん底から這い上がってきたこのエネルギーと幸運があるかぎり、自分はどんな不幸が訪れようともかならず克服できるだろう、そういう心の支えになっているということですね。

私たちは、五体満足でこうして生きていくことができるにもかかわらず、ちょっとしたことで、すぐまいってしまう。もうダメだと思ってしまう。恥ずかしいことだと思います。

私は久しぶりにテレビの対談を見て感動しました。そして、私たちはこれを心の励みにしてがんばらなければいけないないなと、つくづくそう思ったわけです。皆さんの中にも、今、あるいは辛い思いをしている人がいるかもしれない。しかし、その辛い思いをバネにして、そこから大きく成長していかなければいけない。飛躍していかなければいけない。

そこでひとつ、阿含宗朔日縁起宝生護摩のこの言葉を、私のあとについて繰り返してください。

「さあ、やるぞ。

かならず成功する。
私はとても運がいいのだ。
かならずうまくいく。
絶対に勝つ」

もう一回。

「さあ、やるぞ。
かならず成功する。
私はとても運がいいのだ。
かならずうまくいく。
絶対に勝つ」

では、いってらっしゃい。勝つために。

一九九四年九月（関東別院）

失敗は大きな財産

皆さん、おはようございます。元気ですか。

まだ元気が足りない。

もう一度、元気です。

もう一回、元気です。

そうですね。それでようやく元気らしくなりました。まだ本当の元気とはいえないけれども、一応、元気らしくなりました。

昔から偉大な仕事、あるいは立派な仕事をなし遂げた人、成功をした人は、いつでもどこでも、元気いっぱい、元気はつらつとして自分の仕事に励み、自分の人生を歩んでいきました。私たちも、いつでもどこでも、元気でなければいけませんね。

成功した偉大な人たちといえども、いつでもバラ色の人生だったわけではありません。むしろその成功が大きければ大きいほど、大きな苦労をして、そこから成功を勝ち得たわけです。「山高ければ谷深し」という諺があります。山は高ければ高いほど、その反面、谷は深いものです。成功しようと思ったならば、それはさまざまな苦難と闘って、克服していかなければなりません。成功した人といえども、泣きたいときもあれば、もう自殺でもしようかと思うほどの、絶望、挫折を味わったこともあるでしょう。しかし彼らはそこから勇気を奮って、すぐに立ち上がっていったんです。私たちは勇気を持たなければいけない。勇気を持たないと困難に負けてしまう。

一九七〇年代から八〇年代にかけて、アメリカの生命保険のセールス界で常にトップを争っていたR・U・ダービーという人がいます。競馬みたいな名前ですけれども、R・U・ダービーという、この人は、生命保険のセールス界で常にトップを争い、そして大富豪というほどではありませんけれども、お金持ちになって、成功者の一人に数えられました。

この人が目覚ましい成績をあげるので部下や後輩、同僚などがその秘訣を聞きますと、彼はただ一言、自分のモットーを相手に告げました。そのモットーというのが思いがけない、意外な言葉なので、相手は呆気にとられたようですが、その理由を聞くとみな納得したそうです。そのモットーというのは何かというと、その前に彼は非常な挫折と絶望を味わっているのです。

どういうことかといいますと、まだ彼が若い頃の話です。彼のおじさんが、コロラド州でちょっとしたゴールドラッシュが起きたので、シャベル一本持って、そのコロラド州の渓谷の奥へ入っていった。そして苦心惨憺して、鉱脈を一つ発見したんです。有望な鉱脈のようなので、その採掘権を取った。そして自分の田舎のメリーランド州、ウイリアムズバークというところへ帰りまして、親戚、友人はじめ、あらゆる人からできるだけの借金をして、掘削機械一式を買い付けた。そしてコロラド州の現場へ行きました。そのとき甥のダービーも連れていったのです。もちろんダービーも、投資ということで、自分の親からもらっていた財産を機械一式に投じて、おじさんと一緒にコロラドへ行った。

そして掘削機械を使ってどんどん掘ってみますと、非常にすばらしい、よい鉱脈だった。コロラド州でも珍しい、金の質が最高によい鉱脈だというので、もう彼らは大喜びで、どんどん採掘した。鉱脈は豊富で、たちまちのうちにそれまでの借金を返してしまった。もう大成功に喜んで、もっと大きな設備でどんどん掘削しようということで、今度は多額の借金をして、新たに大規模な掘削を始めた。

期待どおり金鉱石がどんどん出てきたのですが、ある日突然、その金鉱脈がなくなってしまった。パタッとなくなってしまった。いくら掘っても、もう出てこない。これはたいへんだということで、一生懸命に掘りまくるんだけれども、もう鉱脈はそこでピタッと途絶えているわけです。毎日毎日祈りを捧げて、絶望と戦いながら一心不乱に掘るけれども、もうどうにも出てこない。

絶望した彼らは、その高い掘削機を屑屋さんに、数百ドルという、ただ同然の金で売り渡した。そして、その採掘権なども、一緒に売り払ってしまったんでしょう、ただみたいな値段で。買うほうだって、金の出てこない金山なんてのは、ただの穴ぼこでしかないわけですから、そんなものに高い金を出すわけはない。うまいもんですね。そこで、彼らは多額な借金が待つ故郷へ帰って、一生かかってでも借金を返そうと、コツコツと、まあ、仕事に励みはじめたわけです。

ところが一方、この掘削機械を買った屑屋さんが、もう金は出てこないというけれども、ひょっとしたらということで、念のために鉱山の専門技師を呼んで、よく調べてもらった。すると技師の鑑定では、これは断層というものだという。金の鉱脈には、しばしばあるんだそうですね。鉱脈が続いているのが、地震とか地滑りなどでドスンと落ちる。するとこれは断層になって、そこから先はもうないわけです。続いてきた鉱脈がドスンと落ちている。この断層ということを、おじさんもダービーも知らなかったんです。そこで、屑屋さんがその技師の鑑定に従って採掘を始めると、なんと三フィート先にですね、その鉱脈の続きがあった。たった三フィートですよ、一メートルちょっとじゃないですか。ダービーたちは、どういう掘り方をしていたんでしょうね。あと三フィート掘ったならば、また鉱脈に行き当たって、それはたいへんな量の金鉱石が埋まっていたわけです。

そこでこの屑屋さんは、数百ドルで買った機械を使って、何百万ドル、何千万ドルという金鉱石を発掘して大成功したわけです。これをあとで聞いたダービーとおじさんは、もうじだんだ踏んで悔しがって、絶望のあまり首でも吊ろうかというほどの失望、落胆だったそうです。しかし、そんなことをいって、いつまでもがっかりしてるわけにはいかない。

そこで、おじさんはどうしたか知らないけれども、ダービー君のほうはですね、いろいろな仕事についたけれども、なかなかうまくいかない。最後に、生命保険のセールスを始めた。生命保険のセールスというのは本当に難しいようですね。私など一日でもう落第だと思いますけれども、このダービー君は必死になって、セールスに歩いた。見込みのありそうな客だったならば一回、二回、十回断られても、一生懸命に訪ねていって説得した。生命保険というのは、やはり掛けている人のプラスにもなるわけですから、そういう使命感に燃えて、というよりもその使命感に支えられて、彼は一心不乱にセールスに歩いた。

彼の成績はめきめき上がって、たちまち百万ドルを超える契約を取った。アメリカでは百万ドルを超えますと、そういう資格を持ったセールスマンのグループがあって、表彰されるんだそうですけれども、たちまちのうちに二百万ドル、三百万ドルという売上をあげて、アメリカのトップクラスに躍り出たわけです。そこで、それを聞いた後輩、先輩、さまざまな人が、彼にその秘訣を聞きにきた。すると彼が一言、自分のモットーを告げたというんです。

「モア・ディッグ」

モア・ディッグ、「もっと掘れ」と言った。保険のセールスマンに「もっと掘れ」なんて言ったら、みんなびっくりしちゃうでしょう。お客の懐でも掘るんですか、ということになるんでしょうが。そこで今の話をダービー君は相手にした。もうあと三フィート私が掘ったならば、何百万ドルという金鉱に突き当たったんだ。そこでもうあと三フィート掘るのをあきらめて、自分はやめてしまった。そのために、一生取り返しのつかないような大損失を受けてしまった。だから自分はこの仕事に入ったとき、「もっと掘れ、もっと掘り返せ」そう自分の心を叱咤激励して、絶対あきらめないという信念でセールスをやった。すると結果的に、今のような成績をあげるようになった。君ももっと掘れ、「モア・ディッグ」。こう言われて、みな感動したと、こういうんですね。

ただ一つ、ここで考えなければならないことは、ただ闇雲に掘っていけばいいってものじゃない。彼らは闇雲に掘ったわけです。掘ったけれども、断層という知識がなかった。だから、あきらめてはいけないけれども、あきらめる前にそういう専門的な知識というもの、専門的な情報というものをまずつかまなければいけない。ただあきらめてしまったんじゃダメだ。また、闇雲に掘って掘って掘り抜いてもそれはダメだ。どうしたらいいか。断層という特殊な専門知識がいる。だから、このダービー君もおじさんもですね、そういう知識を持った鉱山技師を呼んで調べてもらったなら、ああ、これは断層なんだよと、どっかへずれてるんだよと、そのズレがどのくらいあるか、それもまた専門技術者が鑑定できるわけなんです。

これは本当に、私たちにとっても大きな教訓だと思いますね。もっと掘れ、そしてあきらめる前に勉強して、専門知識でその計画をもう一度見直す。それでダメだったならば、別な計画を立てて、そっちへ進んでいったらいいだろう。ただ闇雲に掘って掘って掘り抜くというんじゃない。あきらめる前にもう一度専門知識でもって計画を見直すということ、これが大切ですね。

ダービー君のこの教訓は、私たちにとって本当によい他山の石になると思います。

私はダービー君がこの金鉱脈で何千万ドルの大金持ちになるよりも、ここで失敗をして、こういう教訓を得たということ、この教訓のほうが彼の大きな大きな財産になったろうと思うのです。金鉱脈を掘り当てて、大金持ちになったところで、その金などというものは、どういうことでなくなってしまうかわからない。どんな災難でそういう、いうならば偶然つかんだようなお金・財産というものはどうなるかわからない。しかし、彼がつかんだ「もっと掘れ」というこの教訓、これが彼の一生続く財産である。そして彼はそのとおり、毎年何百万ドルという業績をあげて、その金鉱脈で儲けたお金よりも、はるかに大きな金額を儲けた。人間というものは、失敗に打ち砕かれていたのではなんにもならない。失敗から、挫折から教訓を得るということ、これが私たちにとっての財産である、そう思いますね。

私たちの人生にもいくつかの挫折、失敗があるでしょう。挫折失敗なくして成功したなどという人は、世の中に一人もいない。偉大な仕事をなし遂げた人ほど、大きな挫折、失敗、絶望を味わっている。彼らはそこから教訓を得て、立ち上がってきた。それが、彼らをして偉大な成功者たらしめたものである。そう思います。私たちも、どんなことがあっても、どんな辛いことがあっても、そこから立ち上がらなければいけない。元気を奮って立ち上がりましょう。

そこでひとつ、阿含宗朔日縁起宝生護摩の合言葉を唱えましょう。私が先導しますから、あとに続いてください。

「さあ、やるぞ。
かならず成功する。
私はとても運がいいのだ。
かならずうまくいく。
絶対に勝つ」

もう一度。

「さあ、やるぞ。
かならず成功する。
私はとても運がいいのだ。
かならずうまくいく。
絶対に勝つ」

では、いってらっしゃい。勝つために。

一九九四年十月（関東別院）

積極思考の信念を持て

皆さん、おはようございます。元気ですか。

ちょっと元気が足りない。

もう一度、元気です。

もう一度、元気です。

そうですね。ようやくそれで本当の元気らしくなりました。人間は、いつでもどこでも、元気いっぱい、元気はつらつとしていなければいけません。昔から成功した人、偉大な仕事をなし遂げた人は、いつでもどこでも、どんなときでも、元気いっぱい、元気はつらつとして、絶対自分は成功するんだという、そういう固い信念を持って行動しておりました。だからこそ、彼らは成功したんです。信念、強い信念が一番大切ですね。

この間、ナポレオン・ヒルという有名な成功哲学を書いた人の本を読んでいて、ふと、おもしろい言葉を発見しました。

どういう言葉かといいますと、

「貧乏になるにも、金持ちになるにも、どちらになるにもそのための信念が必要である」

というんです。おもしろい言い方だと思います。金持ちになるためには強い信念が必要だというのならわかりますけれども、貧乏になるにも、金持ちになるにも、どちらになるにもそのための信念が必要であると。おもしろい言い方だと思って、ちょっとメモしておきました。

ということは、絶対に金持ちになる、絶対に成功するぞという信念を持たなければ、成功しない、金持ちになれないということでしょう。というのは、自分は絶対に成功するんだという信念を持たない人は、その反対の、自分は何をやっても成功しないんだ、だめな人間なんだという、そういう気持ちが無意識のうちに信念になっていると思うんですね。

信念というのは何かというと、強く固定した思考である。強く固定した考え、これが私は信念というものだと思う。そうすると、自分は絶対成功するんだという強い信念を持っていない人は、その反対思考、つまり何をやっても自分はだめなんだ、とても成功なんてできないんだという気持ち、これが信念となって自分の潜在意識に染みついているんじゃないか、そういうことだと思う。

この言葉を読んだとたんに、私は、ある戦国の武将を思い出しました。織田信長の時代に、山中鹿之介幸盛という武将がいた。なかなかの豪傑です。この人は出雲の国の大名である尼子家を再興しようとして、強大な毛利家と戦いつづけ、最後には殺されてしまった。

彼の伝記をざっと読んでみると、実に不撓不屈の一生です。戦いに負けては逃げ、捕虜になっては逃げ、何回も何回も逃げて、そしてまた出雲の国に帰って一時は出雲の国の大半を領有した。なんとしてでもこの尼子家を再興したい、その一念で非常な活躍をした。しかし最後には、信長に味方をして、信長の先鋒となって毛利家と対陣した。そして信長方が手薄となったために、ついに負けてしまった。捕虜になったわけですね。

この山中鹿之介を有名にしたのは、若いときに一つの和歌を詠んでいることです。三日月に祈ったというその歌は、確か昔は小学校の読本にも載っていたと思います。

「憂きことのなおこの上に積もれかし　限りある身の力試さん」

この三日月に、我れに七難八苦を与えたまえと祈る。それによって自分は自分の力を試すのだという。「憂きことのなおこの上に積もれかし、限りある身の力試さん」。私はこのときに、山中鹿之介の悲劇の一生は決定してしまったんだろうと思うのです。我れに七難八苦を授けたまえ、壮烈な考えですね。楽して成功するというんじゃない。いくらでも艱難辛苦を我れに与えよ、自分はいくらでもこれを克服して偉大な人物になってみせるぞ、その志たるや壮ではありますけれども、しかし歌がよくない。

「憂きことのなおこの上に積もれかし」憂きことというのは、心配事や、嫌なことですよね。これはどんどん、どんどんやってこいと。「限りある身の力試さん」これがよくない。「憂きことのなおこの上に積もれかし」ってのはまだよいんですよ、我れに七難八苦を授けたまえ、自分はこれを克服するぞというのはよいけれども、「限りある身の力試さん」限りある身というのではだめなんです。「限りなき身の力試さん」ならよいのです。我れに無限の力がある。どんな艱難辛苦がきても七難八苦がきても、自分は無限の力を持っているから、「限りなき身の力試さん」私だったらそう詠みますね。

そして祈る相手がよくない、三日月様じゃダメなんだ、満月でなければいけない。満月に祈ったら狼男になっちゃうかもしれないけれども、しかし三日月という欠けている月に向かって、限りある身の力試さんというのでは、これは悲劇的一生になってしまうと思う。

私だったら「限りなき身の」とするか、あるいは「やがて花咲く春ぞ来たらん」とこう言いますね。やがて花咲く春が来るだろう。かならず来るんだと。それまでは、雪の降るごとく「憂きことのなおこの上に積もれかし」。雪のように嫌なことがたくさん積もっても、やがて春が来ればどんな憂きことも溶けてしまう。そして花が咲くであろう。「やがて花咲く春ぞ来たらん」私だったらこうする。このどちらかにする。そうすると勇気凛々と力が湧いてくるでしょう。

「限りある身の力試さん」というのは限りあるんだから、次から次へ憂きことがきたら負けちゃいますよ。

だから、尼子十勇士といって、尼子家を再興するために十人の勇士があって、その大将として山中鹿之介幸盛、非常な豪傑であった。信長にもずいぶん可愛がられ、上月城という城を一つ預けられて、やがて尼子家を再興できるというところまでいったわけです。ところが毛利方の別所長治が抗して三木城に籠もった。そして毛利の大群がこの上月城を囲んだけれども、信長にはこれを救う余裕がなかった。秀吉は別所長治を攻めるのが精いっぱいで、上月城を助けるという余裕がなく、みすみすこれを見殺しにした。信長もこれはしょうがない。惜しい男だが見殺しにするしかない、ということで見殺しにした。

結局、城やぶれて捕虜になって山中鹿之介は自殺しようとしたけれども、自分が死んでしまったならば尼子家はもう再興できない。なんとしてでも命を守らなければ、ということで降伏した。ところが毛利家のほうもさるもので、これは本心の降伏ではない、そう考えて、河端で顔を洗っているところを後ろから斬って、殺してしまったんです。

まさに惜しい武将であったけれども、やはり信念の持ち方を間違えてしまったのではないか。

「限りある身の力試さん」という信念では、これは成功しない。「限りなき身の力試さん」「やがて花咲く春ぞ来たらん」かならず春が来る。春を来さしてみせるぞ。花を咲かして見せるぞ。そういう意気込みで、艱難辛苦を我れに与えたまえ、かならず克服する、克服することによって自分の力が無限に伸びていくんだ。そういう気概がなければ本当の信念とはいえない。マイナス思考の信念では、悲劇的な人生を送らざるを得ないでしょう。

私たちはいつもプラス思考、積極思考で、かならず花を咲かせるぞ、かならず成功する、そういう気持ちで人生と取り組みましょう。人生というものは、いつもバラ色ではない。辛いこと、苦しいこと、悲しいことのほうが多いけれども、それを絶対克服することによって、成功を勝ち得るのです。強い信念を持ちましょう。

そこで、朔日縁起宝生護摩の合言葉を唱えましょう。私が先導します。

「さあ、やるぞ。
かならず成功する。
私はとても運がいいのだ。
かならずうまくいく。
絶対に勝つ」

もう一度。

「さあ、やるぞ。
かならず成功する。
私はとても運がいいのだ。
かならずうまくいく。
絶対に勝つ」

では、いってらっしゃい。勝つために。

一九九四年十一月（関東別院）

夢を持ちつづければ、かならずかなう

皆さん、おはようございます。元気ですか。

それでは元気とはいえないね。もっと元気はつらつと、元気です。

もう一回、元気です。

そうですね。それでようやく、みんな目が覚めて、本当の元気らしくなりました。人間は、いつでもどこでも、元気いっぱい、元気はつらつとしていなければいけません。昔から成功した人、偉大な仕事をなし遂げた人は、いつでもどこでも、どんなときでも、元気いっぱい、元気はつらつとして自分の人生を歩んでいきました。彼らといえども、辛いこと、悲しいこと、たくさんあったと思います。本当に心の底から絶望し、どうしたらいいかわからない、そういう人生の大きな難路に遭ったことが何度もあると思います。

しかし、彼らは、そのたびに勇気を奮い起こし、元気を出して、その難関を乗り越えていった。だからこそ、彼らは成功者になったわけです。私たちも、自分の力を信じ、仏の加護を信じて、いつでも元気いっぱい、元気はつらつと自分の人生と取り組んでいかなければならない、そのように思います。

十一月は、私にとって、すばらしいと思うことが二つありました。一つは、私だけではなく、世界中の中年男性が「われわれの星だ」というヒーローがあらわれました。四十五歳九カ月で世界へビー級のチャンピオンになった、ジョージ・フォアマンというのがその人です。

彼の成績には、すばらしいものがあります。一九六八年に、メキシコ・オリンピックでヘビー級のチャンピオンになった。そしてプロに入って、四十戦全勝、一度も負けなかった。判定もなかった。そういうすばらしい戦績でチャンピオンを続け、七四年に、モハメッド・アリに敗れました。

このときも、彼が優勢のように思われました。私もテレビで見ておりましたけれども、しかし、蝶のように舞い、蜂のように刺すという軽快なフットワークを自在に操るアリには、追っても追っても追いつかない。フォアマンのパンチは何度も空を切って、そして疲れた八回に反撃にあって、とうとうキャンバスに沈んでしまった。ノックアウトされたわけです。

これは戦前、フォアマンのほうに分があると見られていた。なにしろ、そのパンチがすごいんですね。ちょっと鈍重で、鈍い感じがするんだけれども、当たったらすごいんです。一発必殺というパンチで、世界中から恐れられていた。ところが、どんな強いパンチだって空振りじゃしようがない。しようがないだけではなくて、空振りは非常にスタミナをそぐんですね。力いっぱい打ったパンチが相手のからだに当たればいいんだけれども、空振りだと非常にスタミナを損なうという。とうとう八回に負けてしまった。彼自身、絶対勝つと思っていただけにこの敗戦はショックで、彼はそれで引退したわけです。

ところが、しばらくして、八七年に再起をした。もう一度俺はやるんだ、あれは本当に負けていたんじゃないんだ、と言って再起をして、また二十四連勝したわけです。

そして、九一年の四月に、十四歳年下のホリーフィールドという当時のチャンピオンと戦って、いいところまでいったんだけれども、判定で負けた。それでまた、彼は自分の力の限界を悟ったのか引退したんだけれども、数年たって、今度は、貧しい少年たちに夢を与えたいと言って、またリングに返り咲いた。そして、小さな牧場を経営する一方、牧師になって伝道しながら、ボクシングで得たファイトマネーを、少年たちの教育基金に寄附していた。

これはすばらしいと思うんです。たいへんなチャンピオンだったという名声はあったけれども、もう四十歳。そういう年齢になると、やはりファイトマネーはあまりもらえない。一万ドルぐらいのファイトマネーで、彼は戦ったわけです。一万ドルは百万円ですから、すばらしいとはいえるものの、過去の栄光から考えたら、これはばからしいような金額だろうと思うんです。しかし、彼はそうして戦って、やはり負けなかったんですね。ずいぶんパンチを食らうんだけれども、耐えるんです。五、六発打たれて一発返すと、相手が沈んじゃうという、そういうパターンです。一回、負けそうなこともあったけれども、やはりずっと勝ちつづけて、とうとうこの十一月五日、ラスベガスでタイトルマッチをやった。

マイケル・モーラー、二十六歳ですよ。フォアマンは四十五歳九カ月。四十六歳として、二十歳の開きがあるわけですね。そして、やはり相手のパンチが速く入るので、ずいぶん打たれた。打たれたけれども持ちこたえて、とうとう十回、二分三秒、一発右のストレートが当たったら、チャンピオンが沈んで、もう立てないんですね。だから、十発食らっても一発返せば絶対勝つというたいへんな人で、それが四十五歳九カ月です。

戦前の批評によりますと、チャンピオンのマイケル・モーラーは少し線が細いから、ひょっとするとひょっとするかもしれないけれども、賭け率は二十対一ぐらいだと。ノックアウトにはならないにしても、判定でチャンピオンが勝つだろうといわれていた。ずっと形勢は悪かったんだけれども、一発当たって相手が立てないわけですから、世界中が沸きました。これは、中年男性の希望の星だといって、彼はいっぺんにスターになった。

この間のニュースによりますと、全アメリカからコマーシャルの依頼が殺到して、来年は六百万ドル、六億円の契約ができたというんです。一回百万円でやっていたボクサーがですね、一年で六億円のＣＭ料が入った。これからもっと依頼がくるだろうと、こういうんですね。

これは、それ自体大したことでありますが、そのあとで彼の言っていることがすばらしい。

「年をとることは恥ずかしいことではないんだ。夢を持ちつづければ、かならずかなえられる」

これはすばらしい言葉だと思うんですね。

「年をとることは恥ずかしいことではない」この言葉の裏を考えてみますと、四十歳を超えて、自分より十も二十も年下の若い者とグローブを交えて、そしてずいぶん殴られる。それを見て、いい年をして、あの年になって、なんでリングに上がるんだというような声を、彼は耳にしていたと思うんです。なかには、老醜をさらすんじゃないか、老醜、つまり老いた醜さをさらしているんじゃないか、過去の栄光をもっと大事にしたらどうだ、というような声が彼の耳に入っていたと思うんですね。それが今、年をとることは恥ずかしいことではないんだ、こういう言葉になって出てきたのでしょう。

昔からの言葉に、「いたずらに馬齢を重ねる」という言葉があります。馬齢、つまり馬の年ですね。何もなすことなく漫然と年をとっていくことを、馬齢を重ねる、馬の年を重ねるといいますけれども、彼はまさに、そういった言葉の反対を示した。「夢を持ちつづければ、かならずかなえられる」。とうとう彼は夢を実現したんだけれども、その夢は彼だけではなくて、世界中の中年の男性たちを奮起させる言葉だったと、私は思うんです。

彼はさらに、いいことを言っています。自分は、少年時代、貧民窟から出てきた悪ガキだった。手のつけられない悪ガキだった。それが、いろいろな社会福祉事業の運営する職業訓練所に入って、そして今、ボクサーとしてここまできた。自分は、社会から大きな援助を受けたというんですね。チャンピオンになって、プールつきの大きな家を持って、リムジンも手に入れた。十分にアメリカンドリームを実現した。次の夢は、他人のアメリカンドリームを援助することだ。私はこの社会から大きな投資をしてもらった。今度は私が金利をつけて返す番だ。こういうことを彼は言っている。これは、本当にすばらしい言葉だと思います。

彼を二十年前に倒してチャンピオンになったモハメッド・アリは、これまた偉大なチャンピオンですけれども、今はもう、ほとんど名前が出てこない。何かボランティア活動をしているようですけれども、姿を消してしまっている。ところが、倒されたこのフォアマンは、こうしてもう一度返り咲いた。夢を持ちつづけていれば、かならずかなえられるんだ。そしてリングに上がって、殴られながら、いつか夢をかなえるぞ、とがんばってきた。すばらしいと思いますね。

もう一つ、すばらしいことがあるんです。

これは、私あてにきた、お礼状です。ただ、一昨日この手紙をもらったばかりなので、ご本人に名前を公表する承諾を得ておりません。かまわないとは思うけれども、しかし、私あてにきたお礼状を、ご本人の承諾を得ないで公表するということはよくないことですから、名前は一応、伏せておきます。

関西総本部所属の、仮に田中さんとしておきましょう。読み上げてみます。

「このたび念願がかない、司法試験に合格することができました。昭和五十五年に受験を始めて以来、十五回目にしての喜びです。この間、数々の心得違いや、怠慢があったにもかかわらず、仏様、神々のご加護と管長猊下のご指導をいただきましたことを、心から感謝しております。なかでも、冥徳解脱供養、冥徳福寿墓陵の建立により、長い間越えられない壁と感じていたものが自然に解消し、心身ともに大きく変わりつつあることを実感いたします。

また、昨年は、初めて択一試験に不合格となり、試験を断念しようと思っていたのですが、六月の朔日護摩のご法話で、十四年間司法試験に挑戦して、検事となられた女性のことをお話しいただきました。これにより、どんなに苦しくても、もう一年がんばってみようとの勇気を与えていただきました。このお話を聞くことがなければ、今日の喜びはなかったものと思います。

また、例年、論文試験が七月に行われるため、体力のない私は、試験以前に体力で負けてしまうという側面もあったように思われます。しかし、今年は管長猊下にご指導いただいたとおり、プロテインをはじめとするサプリメントを十分にとった結果、連日最高気温を更新する猛暑の中、他の受験生をしり目に、これまでにない体力、気力の充実を感じつつ、三日間の試験を乗り切ることができました。

この他にも、数え切れないご加護、ご指導をいただき、その一つ一つにより、合格へと導いていただいたものと思います。今後は二年間の研修ののち、弁護士としての道を歩むことになると思います。仏様と猊下からいただいたこの仕事を通じて、人を助け、地域を浄化し、世界平和の実現のため、少しでも力を尽くせる立派な人間、修行者となれるように努力していきたいと思います。本当にありがとうございました。合掌」

この手紙は一昨日受け取ったばかりですけれども、本当に心からうれしかった。もちろん、ご本人の実力、努力があればこそですけれども、やはり仏様のご加護を信じて、そして、かならず合格するんだ、合格できるぞ、という信念のもとに十五年間がんばった。十五年間の彼のこの努力、また、さまざまな試練に耐えたこの心が、彼を本当に大きくして、今後の彼の活躍を助けることになるだろうと、私は心からうれしく思ったんです。

この司法試験は、他にも受けている人たちが何人かいますけれども、話を聞いてみますと、七月の暑いさなか、しかも、どういうわけか試験場へクーラーを入れないんだそうです。これはどういうことでしょうね。人道上の問題じゃないかと私は言ったんだけれども、しかし、それもまた、検事とか弁護士とか、そういうエリートたちの心身を鍛練するための、あるいは試練かもしれませんね。だから、体力で参ってしまうということをよく聞きますが、やはり体力もまた、試験の中の一つに入っているんだろうと、そう私は思う。

この田中さんは、サプリメントをとり、プロテインを飲んで、気力、体力を充実してこの難関を超えてしまった。本当に私はうれしく思っています。だれもがみな、フォアマンや田中さんのような意気込みで、たとえ時間がかかっても、かならず最後の栄冠を勝ち得るようにがんばってほしい。

そこで、朔日縁起宝生護摩の合言葉を、ひとつ唱和いたしましょう。私が先にお唱えします。

「さあやるぞ。
かならず成功する。
私はとても運がいいのだ。
かならずうまくいく。
絶対に勝つ」

もう一度。

「さあやるぞ。
かならず成功する。
私はとても運がいいのだ。
かならずうまくいく。

絶対に勝つ」

では、いってらっしゃい。勝つために。

一九九四年十二月（関東別院）

あとがき

この本は、毎月一日、通信衛星を使って、全国の阿含宗道場に放映される「阿含宗朔日縁起宝生護摩」の「十分間法話」を集録したもので、これで三冊目である。

第一回が一九八七年五月であるから、かれこれ、十四年間、ほぼ毎月護摩を焚き、十分間法話をしてきた。法話の終わりは合言葉を繰り返して締めくくる。考えてみると、この合言葉を少なくとも三百回以上は唱えていることになるが、唱えるたびに、私自身、勇気と元気を得ている。

二十一世紀を迎え、科学のメスは、脳に秘められた可能性をいよいよ開示しつつあるが、脳の働きを活性化させるのは、やる気であるという。脳力を（能力もだが）目覚めさせるのは、やる気、すなわち勇気なのである。
読者の皆さん、朔日縁起宝生護摩の合言葉を唱えて、自分の脳力を発揮していただきたい。さあ、私と一緒に合言葉を唱えましょう。

さあ、やるぞ。
かならず成功する。
私はとても運がいいのだ。
かならずうまくいく。
絶対に勝つ。

二〇〇一年七月十二日

著者しるす

桐山靖雄（きりやま・せいゆう）

阿含宗管長、中国・国立北京大学名誉教授、中国・国立中山大学名誉教授、中国・国立佛学院（仏教大学）名誉教授、サンフランシスコ大学理事、モンゴル国立大学学術名誉教授・名誉哲学博士、タイ国タマサート大学ジャーナリズム・マスコミ学名誉博士、チベット仏教ニンマ派仏教大学名誉学長・客員教授、スリランカ仏教シャム派名誉大僧正、ミャンマー仏教界最高の僧位・法号を授受、中国国際気功研究中心会長（北京）、ダッチ・トゥリートクラブ名誉会員（ニューヨーク）、日本棋院名誉八段。

主たる著書『密教・超能力の秘密』『密教・超能力のカリキュラム』『密教占星術Ⅰ・Ⅱ』『説法六十心1・2』『チャンネルをまわせ』『密教誕生』『人間改造の原理と方法』『阿含密教いま』『守護霊を持て』『続守護霊を持て』『龍神が翔ぶ』『霊障を解く』『一九九九年カルマと霊障からの脱出』『輪廻する葦』『間脳思考』『心のしおり』『愛のために智恵を智恵のために愛を』『末世成仏本尊経講義』『守護霊の系譜』『一九九九年地球壊滅』『守護仏の奇蹟』『求聞持聡明法秘伝』『さあ、やるぞかならず勝つ①・②』『仏陀の法』『守護霊が持てる冥徳供養』『密教占星術入門』『人は輪廻転生するか』『君は誰れの輪廻転生か』『般若心経瞑想法』『一九九九年七の月が来る』『オウム真理教と阿含宗』『阿含仏教・超能力の秘密』『脳と心の革命瞑想』『阿含仏教・超奇蹟の秘密』『社会科学としての阿含仏教』『「止観」の源流としての阿含仏教』『一九九九年七の月よ、さらば！』『21世紀は智慧の時代』『21st Century:The Age of Sophia』『You Have Been Here Before: Reincarnation』『ニューヨークより世界に向けて発信す』『THE WISDOM OF THE GOMA FIRE CEREMONY』（以上平河出版社）、『幸福への原理』『アラディンの魔法のランプ』（阿含宗出版社）、『念力』『超脳思考をめざせ』（徳間書店）、『密教入門—求聞持聡明法の秘密』（角川選書）など。

連絡先……阿含宗に関するご質問・お問合わせは左記まで

阿含宗本山・釈迦山大菩提寺　京都市山科区北花山大峰町
関東別院　〒108—8318 東京都港区三田四—一四—一五……TEL（〇三）三七六九—一九三一
関西総本部　〒605—0031 京都市東山区三条通り神宮道上ル……TEL（〇七五）七六一—一一四一
北海道本部　〒004—0053 札幌市厚別区厚別中央三条三丁目……TEL（〇一一）八九二—九八九一
東北本部　〒984—0051 仙台市若林区新寺一—三—一……TEL（〇二二）二九九—五五七一
東海本部　〒460—0011 名古屋市中区大須四—一〇—三二上前津KDビル四階……TEL（〇五二）二五二—五五五〇
北陸本部　〒920—0902 金沢市尾張町二—一一—二二……TEL（〇七六）二二四—二六六六
九州本部　〒812—0041 福岡市博多区吉塚五—六—三五……TEL（〇九二）六一一—六九〇一
メシアの館　〒650—0003 神戸市中央区山本通り一—七—二三……TEL（〇七八）二三一—五一五二
大阪道場　〒531—0072 大阪市北区豊崎三—九—七いずみビル一階……TEL（〇六）六三七六—二七二五
沖縄道場　〒900—0031 那覇市若狭一—一〇—九……TEL（〇九八）八六三—八七四三
●インターネットで阿含宗を紹介……阿含宗ホームページ　http://www.agon.org/

さあ、やるぞ　かならず勝つ③

二〇〇一年七月二十五日　第一版第一刷発行
二〇〇一年八月　十　日　第一版第三刷発行

著　者……桐山靖雄
©2001 by Seiyu Kiriyama
発行者……森眞智子
発行所……株式会社平河出版社
〒108-0073東京都港区三田三－一－五
電話〇三(三四五四)四八八五
振替〇〇一一〇－四－一一七三二四
装　幀……島津義晴＋島津デザイン事務所
印刷所……凸版印刷株式会社
用紙店……中庄株式会社

落丁・乱丁本はお取り替えいたします　Printed in Japan 2001
本書の引用は自由ですが、必ず著者の承諾を得ること。
ISBN4－89203－295－6 C0015

★苦労人の桐山靖雄管長が諄々として説く
涙と笑いの十分間法話集。
運がよくなって、元気が出る本！

十分間法話集①
さあ、やるぞかならず勝つ
桐山靖雄＝著

【目次より】縁起のはなし／成功者型思考と敗北者型思考／失敗・挫折したことのない人は魅力がない／信念と辛抱によって道が開ける／成功への三つの秘訣／自分の運に自信を持て／他人の否定的な言葉に惑わされるな／ユメを実現する冒険野郎／運をどんどん運びなさい／根性と信念で勝つ／他

定価（本体９８０円＋税）

十分間法話集②
さあ、やるぞかならず勝つ
桐山靖雄＝著

【目次より】苦しみは、自分を偉大にする肥やし／成功への四つの秘訣／強烈なビジョンと確信を持つ／ピンチをチャンスに変える／地獄から這い上がった男／辛抱、努力の涙を流せ／失敗は成功への過程／社会は不公平だが公平だ／こけたら立つんや／挑戦心、競争心、闘争心を持て／何回負けても挑戦し続ける／他

定価（本体１０００円＋税）